MULTI CULTU RALISMO

Diversidade e direitos humanos na contemporaneidade

MARCEL RONALDO MORELLI DE MEIRA
ORGANIZADOR

MULTI CULTU RALISMO

Diversidade e direitos humanos na contemporaneidade

MATRIOSKA
EDITORA

Publisher – Editorial: Luciana Félix
Publisher – Comercial: Patrícia Melo
Copidesque e preparação de texto: Luísa L. S de Souza
Revisão: Equipe Matrioska Editora
Editoração e capa: Marcelo Correia da Silva

Matrioska Editora
Atendimento e venda direta ao leitor:
www.matrioskaeditora.com.br
contato@matrioskaeditora.com.br
facebook.com/matrioskaeditora
instagram.com/matrioskaeditora

Dados Internacionais de Catalogação na Publicação (CIP)
(Câmara Brasileira do Livro, SP, Brasil)

Multiculturalismo : diversidade e direitos humanos na contemporaneidade / organização Marcel Ronaldo Morelli de Meira. -- 1. ed. -- São Paulo : Matrioska Editora, 2023.

Bibliografia.
ISBN 978-65-84999-04-6

1. Cidadania 2. Direitos humanos 3. Diversidade cultural 4. Multiculturalismo - Brasil I. Meira, Marcel Ronaldo Morelli de.

23-146009 CDD-306.446

Índices para catálogo sistemático:

1. Diversidade cultural : Sociologia 306.446

Aline Graziele Benitez - Bibliotecária - CRB-1/3129

Impresso no Brasil
2023

Apresentação

Marcel Ronaldo Morelli de Meira

A partir da década de 1980, ocorreu a chamada "virada cultural", expressão utilizada para designar a importância e o protagonismo assumido pela cultura nos debates teóricos realizados nas universidades e, também, entre os Estados, que passaram a investir cada vez mais no financiamento de projetos culturais e em edifícios destinados à arte e à cultura. Uma das consequências da chamada "virada cultural" foi a diminuição das fronteiras em que, de um lado, estaria o conhecimento erudito e acadêmico e, de outro, o conhecimento popular e de massa.

Atualmente, tornou-se comum destacar a diversidade das culturas existentes nas sociedades contemporâneas. Contudo, ao mesmo tempo que observamos hoje uma maior diversidade de manifestações e expressões culturais dos grupos socialmente dominados, observa-se também uma veiculação de formas culturais produzidas pela indústria cultural e pelos meios de comunicação de massa, destacando-se, no atual processo de globalização, as produções culturais norte-americanas, como o exemplo do cinema hollywoodiano e das séries de TV, nas quais se apresenta, cada vez mais, de forma estereotipada, as diversas culturas nacionais.

É, portanto, um paradoxo de nosso tempo o fato de que a diversidade cultural existente conviva também com fenômenos de homogeneização cultural, como o etnocentrismo, o racismo e o patriarcalimo, que continuam em vigor nas nossas sociedades. Esses exemplos servem para mostrar que não é possível separar as questões culturais das questões de poder. E é por meio dessa perspectiva que serão analisados os diferentes temas que veremos a seguir.

Por meio da perspectiva multicultural, é possível compreender que as diferenças culturais são, antes de tudo, resultado das relações de poder e controle existentes no interior da sociedade. A contribuição trazida pelo multiculturalismo aos estudos sobre gênero, raça e etnia, como veremos, se dá na crítica ao modo como as diferentes culturas subordinadas são representadas, reforçando os estereótipos e a discriminação, defendendo a igualdade de acesso das diferentes culturas aos direitos humanos e, além disso, que essa igualdade de acesso não pode ser conquistada senão por meio de políticas públicas inclusivas.

Em resumo, o propósito desta publicação é desenvolver reflexões e interpretações da sociedade e da cultura frente a diversidade, visando à valorização das diferenças e das minorias, posicionando-se de maneira crítica frente às diferentes formas de normalização. Para tanto, iniciaremos com uma análise do corpo humano enquanto construção cultural, compreendendo como na atualidade a mídia exerce grande influência na idealização do corpo perfeito.

Em seguida, estudaremos como determinados corpos são estigmatizados no cotidiano, sobretudo na lógica da sociedade capitalista vigente. Será realizado um estudo acerca do preconceito e discriminação contra as pessoas com deficiência, seguindo, então, com o tema do envelhecimento e do preconceito contra as pessoas idosas. A seguir, apresentaremos os diferentes contextos histórico-culturais que contribuíram para a construção de comportamentos de gênero legitimados socialmente, criando e perpetuando espaços para violências de gênero.

Mais adiante, apresentaremos o tema do racismo enquanto sistema que afirma a superioridade de um grupo racial sobre outros, trazendo uma visão histórica do racismo no Brasil. Por fim, trataremos da importancia da inclusão da diversidade e do multiculturalismo no contexto das organizações, saúde e educação, encerrando com o debate acerca da contribuição do programa Banco de Alimentos no direito humano à alimentação adequada. De modo geral, cada capítulo apresenta em panorama as questões mais instigantes, analisando com perícia cada um dos temas propostos.

Estes são apenas alguns aspectos deste livro valioso, que contribui para suprir a carência editorial no Brasil nas áreas de diversidade cultural e direitos humanos. Entre seus méritos está a conjugação, em linguagem fluente, destinada a um público amplo, da análise dos mecanismos de dominação de um grupo social sobre outro, sem descuidar do fato de que as questões culturais vêm confluindo cada vez mais com as questões de poder, de modo que a nova centralidade da cultura é política e a velha centralidade da política tornou-se cultural.

Autores

Daniela Sakumoto Sriubas

Graduada em Direito pela Universidade Presbiteriana Mackenzie, especialista em Direito Empresarial e Mestre em Saúde Coletiva pelo departamento de Medicina Preventiva da Escola Paulista de Medicina (Unifesp). Advogada membro da Comissão de Bioética da OAB-SP. Docente em cursos de nível superior há mais de 15 anos e autora de materiais didáticos. Coordenadora do Laboratório de Empreendedorismo e Inovação do Centro Universitário São Camilo, instituição na qual também atua como coordenadora de cursos de pós-graduação e como membro do NDE dos cursos de Administração, Gestão Hospitalar e Direito.

Luciane Pedro

Mestra em Educação pela Universidade de São Paulo (FE-USP); Bacharel e Licenciada em História pela Universidade de São Paulo (FFLCH-USP). Atua no Centro Universitário São Camilo como docente da disciplina: Multiculturalismo Diversidade e Direitos Humanos. Coordena o curso de Graduação em Pedagogia e os cursos de Pós-graduação: Psicopedagogia Clínica e Institucional; Neurociência e Educação, nesta mesma instituição.

Lydiane Regina Fabretti Streapco

Docente do Centro Universitário São Camilo. Psicóloga coordenadora do Apoio Psicológico e Psicopedagógico Universitário e do Núcleo de Direitos Humanos e Saúde Mental do Centro Universitário São Camilo.

Marcel R. Morelli de Meira

Marcel Ronaldo Morelli de Meira é graduado em Ciências Sociais pela Universidade Estadual de Londrina, mestre em Ciências Sociais pela Universidade Estadual de Londrina, doutor em Filosofia pela Universidade de São Paulo e pós-doutor em Ciências Sociais pela Pontifícia Universidade Católica de São Paulo. É autor dos livros "A cultura dos novos museus: arquitetura e estética na contemporaneidade" (Eduel, 2018) e "Currículo e gestão educacional" (Editora Senac, 2020).

Mônica Santiago Galisa

Docente e Coordenadora Adjunta do curso de nutrição, Centro Universitário São Camilo. Possui graduação em Nutrição pelo Centro Universitário São Camilo (1990), graduação em Esquema I – Curso de formação de professores pela Faculdade de Tecnologia de São Paulo, CEETEPS (1992), mestrado em Mestrado Administração – Gestão, Instituições, Saúde pelo Centro Universitário São Camilo (1997) e Doutorado em Bioética no Centro Universitário São Camilo (2014), MBA em Gestão Estratégica em Instituições de Ensino Superior (2020). Atualmente é docente e coordenadora adjunta do curso de Nutrição do Centro Universitário São Camilo- São Paulo.

Rodrigo Leite da Silva

Doutor em Língua Portuguesa pela PUC/SP e professor no Centro Universitário São Camilo (CUSC) das disciplinas de Linguagem, comunicação e produção de textos; Multiculuralismo, diversidade e direitos humanos e Saúde, sociedade e tecnologia. Membro do Conselho de Pesquisa (CPQ) do CUSC.

Sonia Maria Soares Rodrigues Pereira

Mestra em Comunicação pela Universidade Presbiteriana Mackenzie; Bacharel em Ciências Sociais pela Faculdade de Ciências e Letras de Santo André; Licenciada em História pela Faculdades Associadas do Ipiranga. Atua no Centro Universitário São Camilo como docente das disciplinas: Multiculturalismo Diversidade e Direitos Humanos,

Subjetividade e Interações Profissionais e Fundamentos do Comportamento Alimentar. Membro do Comitê de Ética em Pesquisa e do Núcleo de Direito nesta mesma instituição. E-mail para contato: sonia.pereira@prof.saocamilo-sp.br.

Sumário

CAPÍTULO 1

Corpo e sociedade: a construção social do corpo

Marcel Ronaldo Morelli de Meira

Historicamente, foi com o surgimento dos primeiros anatomistas, sobretudo dos estudos realizados pelo médico Andreas Vesalius (1514–1564), que a representação do corpo humano passou por uma fragmentação. Nesse momento, deixou-se de lado a visão holística do corpo como pertencente a um cosmos humanizado. Desde então, as análises do corpo foram feitas a partir de estudos anatômicos rigorosos, como ressalta David Le Breton (2013, p. 285), a partir "*de um corpo tornado leve, percebido como receptáculo da doença*". Para melhor compreender o corpo doente, o estudo médico começou a despersonalizar a doença, negligenciando o indivíduo e sua história de vida. A medicina não era mais "*um saber sobre o homem, mas um saber anatômico e fisiológico, levado hoje ao extremo grau de refinamento*" (LE BRETON, 2013, p. 286). Passou a imperar, portanto, um dualismo epistemológico no qual o corpo se distinguia do homem, já que ambos se colocavam metodologicamente isolados.

Mais recentemente, com a hiperespecialização da área médica em torno de determinados órgãos, bem como o uso de novas tecnologias para diagnósticos e de recursos terapêuticos tecnicizados, o corpo foi fragmentado ao extremo. O modelo da medicina moderna orientou-se para a quantificação da informação físico-química sobre o corpo do paciente, desconsiderando os fatores sociais e emocionais, menos mensuráveis. Seu foco, conforme argumenta Cecil Helman, é o corpo do indivíduo considerado doente, em alguns casos, concentrando-se em um órgão debilitado em particular, ou ainda, em um grupo de células ou em uma região dentro do corpo (2003, p. 46). Em outras palavras, o reducionismo essencial da medicina, em compasso com os avanços da tecnologia diagnóstica, concentrou-se em partes progressivamente menores do corpo.

Helman (2003) ressalta, ainda, que, com o desenvolvimento dos raios X, em 1895, e, mais recentemente, de exames como o ultrassom, a tomografia e a ressonância magnética, o corpo humano tornou-se mais visível e passível de ser representado em imagens. Sendo assim, é comum que os pacientes vejam tomografias ou raios X de seus corpos em consultórios, hospitais ou clínicas. Dessa forma, a visão reducionista que a medicina tem sobre o corpo, difundida por meio da mídia e dos livros científicos, influenciou o modo fragmentado a partir do qual as pessoas percebem seus próprios corpos.

Muitos médicos que agora diagnosticam e tratam as anormalidades de uma parte do corpo humano são considerados hiperespecialistas. O diagnóstico médico começou a lidar com as anomalias em nível bioquímico, celular, ou mesmo molecular. Passou a ocorrer uma ênfase nos fatores fisiológicos na medida em que a medicina moderna baseou-se na tecnologia avançada para coletar e medir os fatos clínicos, o que implicou no deslocamento das representações do corpo em si para as representações dos órgãos individuais e, finalmente, de células ou de suas estruturas moleculares internas. Contudo, essa fragmentação do corpo humano, que fundamentou a prática médica há séculos, tornou-se hoje tema de numerosas questões éticas ligadas "*ao estatuto conferido ao corpo na definição de pessoa*" (LE BRETON, 2013, p. 12).

Nas últimas décadas, no entanto, cabe ressaltar as contribuições de diversos autores da antropologia médica para uma revisão do conceito de corpo. Nomes como David Le Breton e Cecil Helman têm dedicado considerável atenção aos aspectos culturais que envolvem o corpo na saúde e na doença. Isso porque, ao refletir sobre o corpo humano, é impossível compreendê-lo como puramente biológico. Para melhor entendê-lo, segundo eles, é necessário partir de uma visão mais abrangente, capaz de levar em conta não apenas o ponto de vista biológico, mas também as dimensões psicológica e cultural dos indivíduos. Nessa perspectiva, Helman (2003, p. 24) argumenta que o corpo humano é mais do que um organismo físico, já que "*é, também, o foco de um conjunto de crenças sobre seu significado social e psicológico, sua estrutura e função*". Em resumo, esses antropólogos, cada um a seu modo, têm indicado que as crenças e práticas relacionadas ao corpo são uma característica central da cultura.

Seguindo essa direção, é importante destacar o ensaio publicado em 1934 por Marcel Mauss, "As técnicas do corpo". Mauss considera que os gestos e movimentos corporais são criações culturais transmitidas através das gerações e imbuídas de significados distintos. O autor chega a afirmar que uma determinada forma de utilizar o corpo pode influenciar a própria estrutura fisiológica dos indivíduos. Nesse sentido, o corpo humano é concebido socialmente, e a análise de sua representação social oferece uma via de acesso importante para a compreensão da própria sociedade em questão. Mauss tratou de uma dimensão até então não explorada pelas ciências sociais. Segundo ele, a expressão "técnicas do corpo" refere-se aos modos pelos quais os indivíduos sabem servir-se de seus corpos de uma maneira tradicional, que difere de acordo com cada cultura (MAUSS, 2003, p. 401). Cada sociedade tem seus próprios hábitos, variando não apenas de um indivíduo a outro, mas de acordo com cada cultura, já que são transmitidos por meio da educação. Dito de outro modo, as diferentes maneiras de utilizar o corpo são, portanto, sociais, e não naturais.

Mauss (2003, p. 405) defende a tese de que para analisar os atos corporais é preciso levar em consideração os pontos de vista biológico, sociológico e psicológico, de modo a compreender o que denomina o "homem total". Como exemplo, ele parte da observação das mudanças presenciadas por sua geração nas técnicas de nado e nos seus modos de ensino e de aprendizagem. Nas gerações anteriores, aprendia-se primeiro a nadar e, posteriormente, a mergulhar; mais adiante, passou-se a ensinar primeiro a mergulhar e depois a nadar (MAUSS, 2003, p. 402). Em resumo, cada sociedade tem seus próprios hábitos de usar o corpo. Tal como a posição dos braços e das mãos enquanto se anda não é simplesmente um produto de arranjos e mecanismos puramente individuais, uma vez que variam de acordo com cada sociedade, além de serem assimilados pelos indivíduos por meio da educação (MAUSS, 2003, p. 404). Por fazer do corpo um objeto de reflexão da análise sociológica, o ensaio de Mauss tornou-se uma referência importante para os debates sobre o tema nos mais diversos domínios. A partir de seus estudos, as diferentes ciências começaram a utilizar um referencial cultural para compreensão do corpo, visto que não podemos imaginar um ser humano que não seja fruto da cultura, nem mesmo um corpo como puramente biológico.

Qualquer significado atribuído ao corpo é resultado de uma dinâmica cultural particular e só faz sentido num grupo social específico. Em outras palavras, não é possível desvencilhar o ser humano da cultura. O corpo é uma síntese dos costumes, pois expressa elementos da sociedade na qual está inserido. O indivíduo, por meio do seu corpo, vai assimilando e se apropriando das normas, dos valores e das convenções sociais. Sendo assim, cada gesto que fazemos, a forma como nos sentamos, o modo como caminhamos, os costumes com o corpo da gestante, por exemplo, tudo isso é específico de acordo com cada cultura, que não pode ser entendida como melhor ou pior que a outra, mas diferente. Em resumo, o corpo humano não é, portanto, puramente biológico, posto que é definido de acordo com os diferentes significados e valores atribuídos por cada cultura. Por meio dos estudos de Mauss (2003), é possível compreender que não existem corpos melhores ou piores, mas corpos que se expressam de maneiras distintas uns dos outros de acordo com as diferentes culturas, mais precisamente, de acordo com o propósito, com os valores e com os significados que cada sociedade atribuiu a eles ao longo da história.

1.1 Corpo e Consumismo na Sociedade do Espetáculo

Não é possível compreender os significados concedidos atualmente ao corpo sem antes entender o que acontece no mundo contemporâneo. Na segunda metade do século XX, os horrores observados com o holocausto e com a emergência de governos totalitários tornaram as pessoas descrentes da política e das ideias revolucionárias, não buscando mais seus valores nos grandes coletivos sociais, mas no individualismo exacerbado pela sociedade de consumo. Na sociedade pós-moderna, que também atende pelo nome de sociedade do espetáculo, ocorre o culto ao corpo, a supervalorização da aparência estética, a reprodução exaustiva de imagens e o comportamento social hedonista — tudo isso se realizando como exibição.

No mundo pós-moderno, ocorreu um reordenamento social devido ao capitalismo multinacional e globalizado. As relações sociais decorrentes dessas mudanças históricas baseiam-se numa forma de capitalismo fundamentado na indústria cultural, nas indústrias de serviços, de finanças e de informação. Tais mudanças são marcadas também pela valorização do efêmero, do consumismo e da cultura da imagem. Com isso, solaparam-se os ideais utópicos tão importantes na modernidade, que confiaram ao projeto iluminista para a construção de um mundo melhor — promovido pelo progresso científico e pela razão humana. O pós-modernismo é visto, segundo Jean Baudrillard (2007), como um período em que ocorre a emergência da sociedade de consumo. Nela, o indivíduo se caracteriza como um consumidor e a sociedade cria e reproduz incenssantemente nichos de mercado, por meio dos quais ocorre a padronização dos sujeitos e dos discursos e o esvaziamento das relações sociais.

A expressão "sociedade de consumo", segundo Zygmunt Bauman (2008, p. 71), representa "*um tipo de sociedade que promove, encoraja ou reforça a escolha de um estilo de vida e de uma estratégia existencial consumistas e rejeita todas as opções culturais alternativas*". Nesse cenário, a publicidade e a moda aparecem como molas propulsoras, com o objetivo de influenciar as escolhas dos indivíduos. Sua tarefa é a de persuadir as pessoas a comprarem desenfreadamente, empenhando-se em convencer o consumidor acerca da urgência em adquirir produtos supérfluos sem que se tenha a real necessidade material.

Nos estudos dos filósofos franceses pós-modernos, sobretudo nos escritos de Jean Baudrillard e também nos de Gilles Lipovetsky, a moda e a publicidade são consideradas exemplos perfeitos do mundo das aparências. O culto ao corpo na sociedade de consumo pós-moderna promove a consagração efêmera dos cânones físicos que elevam o corpo à condição de espetáculo publicitário. Nesse contexto, ocorre o esvaziamento de sentido dos corpos, que são agora consumidos na espetacularização das encenações. A estratégia é esvaziar o conteúdo das relações sociais para que a paixão pelas aparências, pelas simulações, possa aflorar. É, portanto, na publicidade e na moda que a mídia encontra a perfeita espetacularização da vida. Como escreve Gilles Lipovetzky:

> A moda está nos comandos de nossas sociedades. A sedução e o efêmero tornaram-se, em menos de meio século, os princípios organizadores da vida coletiva moderna; vivemos em sociedades de dominação frívola, último elo da plurissecular aventura capitalista-democrática-individualista. (1991, p. 12)

Nas análises que Lipovetsky e Baudrillard fazem, cada qual à sua maneira, sobre os modelos corporais que predominam na sociedade de consumo, estão sempre presentes as características de uma cultura hedonista e hiperindividualista que se manifesta na busca pelo prazer e pelo bem-estar. A disseminação dessas ideias e produtos tem como resultado, na expressão de Lipovestky, um ideal de "felicidade paradoxal", glorificada por meio da promoção do prazer, da ideologia do bem-estar, da saúde perfeita e da juventude.

A estética corporal, como vimos, pode ser modificada de acordo com os padrões estabelecidos por cada cultura. Atualmente, é notório o poder da mídia para influenciar os valores, as visões de mundo e os referenciais de comportamento. As exigências para que as pessoas modifiquem a aparência, com o intuito de seguir os padrões midiáticos, estão relacionadas com o culto ao corpo (COUTO, 1998, p. 5.) As pessoas são incentivadas a buscar o estereótipo de corpo perfeito, difundido nos meios de comunicação sobretudo por meio da moda e da publicidade. É produzida, então, no imaginário social cotidiano, uma imagem vinculada aos modelos corporais a serem apreciados (COUTO, 1998, p. 18).

A exibição cotidiana de tipos físicos valoriza a vitalidade e a jovialidade, ao mesmo tempo que estigmatiza os corpos que não se encaixam em tais estereótipos. São anunciados métodos e técnicas de remodelagem anatômica, muitos deles visando ao prolongamento da juventude e ao revigoramento físico (COUTO, 1998, p. 17). Esses fatores indicam uma idealização sobre a imagem corporal, gerando uma busca pelo corpo perfeito e levando a consequências e prejuízos não somente físicos, mas também psicológicos.

O investimento publicitário enfatiza a busca pelo ideal do corpo perfeito, convertendo-se em etiqueta da moda, fazendo com que as pessoas persigam os padrões físicos, estéticos e comportamentais, uma vez que é necessário seguir esses padrões para se obter prestígio e inserção social. O culto ao corpo se desenvolve a partir da exibição de imagens físicas, acompanhadas de anúncios publicitários, incentivando a comercialização de práticas que condicionam a felicidade e o bem-estar dos indivíduos (COUTO, 1998, p. 17). Por outro lado, essa necessidade de obter o corpo ideal tem originado uma série de problemas de saúde, como bulimia, anorexia e dismorfia muscular, além de outros. Ou seja, quando as pessoas não conseguem se moldar de acordo com esses padrões, o sofrimento torna-se inevitável, pois se sentem excluídas por não se enquadrarem nesse estereótipo de beleza.

Seguindo essa lógica, há casos de corpos que são estigmatizados no cotidiano, já que o estereótipo do corpo perfeito inserido no contexto da sociedade de consumo, cujo modelo é o da beleza e da jovialidade física, trouxe consigo valores que desqualificam os corpos que não se apresentam nesses moldes. Dito de outro modo, o pensamento consumista e hiperindividualista contemporâneo contribuiu para a ideia de que os corpos que não se enquadram nesses modelos sejam vistos como imperfeitos e, portanto, desqualificados. Assim, todo corpo que não se encaixa nos padrões sociais valorizados socialmente sofre com certo estigma, como veremos nos ensaios a seguir.

Referências

BAUDRILLARD, Jean. **A sociedade de consumo**. Rio de Janeiro: Elfos Editora; Lisboa: Edições 70, 1995.

BAUMAN, Zygmunt. **Vida para consumo**: a transformação das pessoas em mercadorias. Rio de Janeiro: Jorge Zahar, 2008.

COUTO, Edvaldo. **O homem-satélite**: estética e mutações do corpo na sociedade tecnólogica. 1998, 269f.Tese (Doutorado em Educação) Universidade Estadual de Campinas, Campinas, 1998.

HELMAN, Cecil. Definições culturais de anatomia e de fisiologia. In: ______. **Cultura, saúde e doença**. Porto Alegre: Artmed, 2003.

LE BRETON, David. **Antropologia do corpo e modernidade**. Petrópolis, RJ: Vozes, 2013.

LIPOVETSKY, Gilles. **O império do êfemero**: a moda e seu destino nas sociedades modernas. São Paulo: Companhia das Letras, 1991.

MAUSS, Marcel. As técnicas do corpo. In: ______. **Sociologia e antropologia**. São Paulo: Cosac Naify, 2003.

CAPÍTULO 2

Pessoas com deficiência e o preconceito

Sonia Maria Soares Rodrigues Pereira

2.1 Pessoas com Deficiência no Processo Sócio-histórico

Vamos iniciar relembrando a história das pessoas com deficiências tendo como base as mudanças que ocorreram no âmbito da legislação e as facilidades e dificuldades nos processos de integração e inclusão. Historicamente, as pessoas com deficiência foram segregadas, sofreram preconceitos, foram excluídas e discriminadas. O que levava a tudo isso?

As pessoas com deficiência carregam o estigma de corpo que não segue o padrão estabelecido de corpo perfeito. Tem-se de registros históricos que aqueles que no nascimento se parecessem feios ou deformados tiveram em muitas sociedades a morte decretada como seu destino, pois acreditavam que estes não teriam condições de sobrevivência, pois esta requeria ser forte. Portanto existe todo um movimento ao longo da história, referente a pessoa com deficiência, tendo discurso de exclusão, de segregação, discursos religiosos, médicos, científicos, assistencialista e não ocorreu de forma linear (MARCHESAN; CARPENEDO, 2021).

Existiu também a influência de alguns setores da igreja, pois as crenças com relação às pessoas com deficiência sempre permearam a cultura, como por exemplo, onde a deficiência era considerada um castigo divino, devido a algum mal cometido por um dos conjuguês, atribuído a uma sociedade permissiva. Isso estimulava o trancafiamento na própria residência, ou ser encaminhado para uma instituição. Logo, isto envolve a cultura, onde o imaginário não é restrito a uma determinada classe social, mas o que muda são as condições de confimanento ou a propria morte.

A guerra produziu uma série de lesões, resultando na deficiência e surgiram as primeiras preocupações com as pessoas com deficiência, devido ao grande número de indivíduos em idade ativa, porém mutilados, ou seja, indivíduos com deficiência física, sensorial ou intelectual. Iniciou-se um processo no avanço da tecnologia que se expande para o reingresso daqueles que chegaram como heróis, mas encontraram dificuldades na sua inserção social, pois o corpo físico e suas incapacidades continuavam sendo o foco.

Surge então a tecnologia assistida, técnicas especializadas, com a finalidade de cooperar com a reabilitação, readaptação e reintegração dos indivíduos em todos os setores da vida, já que os países passavam por sérios problemas econômicos, além da existência de muitos órfãos (BENUTE, 2021).

Mas e a integração de fato ocorria ou havia uma comoção por terem sobrevivido à guerra e ao momento socioeconômico em que se encontravam?

Em 1948 foi publicada a Declaração Universal dos Direitos Humanos, tendo como lema: a igualdade de direitos entre todos os indivíduos, garantindo o valor e a dignidade da vida humana.

> Artigo 1º: Todos os seres humanos nascem livres e iguais em dignidade e em direitos. Dotados de razão e de consciência, devem agir uns para com os outros em espírito de fraternidade.
> Artigo 2º: Todos os seres humanos podem invocar os direitos e as liberdades proclamados na presente Declaração, sem distinção alguma, nomeadamente de raça, de cor, de sexo, de língua, de religião, de opinião política ou outra, de origem nacional ou social, de fortuna, de nascimento ou de qualquer outra situação. Além disso, não será feita nenhuma distinção fundada no estatuto político, jurídico ou internacional do país ou do território da naturalidade da pessoa, seja esse país ou território independente, sob tutela, autônomo ou sujeito a alguma limitação de soberania (ONU, 1948).

No Brasil a história das pessoas com deficiência é longa e segue a mesma trajetória. Existiam algumas práticas comuns na sociedade: a de confinar as pessoas com deficiência em suas casas, ou de serem recolhidas pela Santa Casa, entidades sociais ou até mesmo presos, quando eram considerados responsáveis por desordem pública, contatando-se que de fato ocorria a segregação.

De acordo com Benute (2021), constatou-se que, por serem tidos como defeituosos e incapazes, cabiam procedimentos, tais como: tratamentos biomédicos, interdição, isolamento hospitalar e aposentadoria por invalidez, contatando-se que a Inclusão na Sociedade, não existia, mesmo tendo as entidades sociais o objetivo era somente de auxiliar. A medicalização e a corporeidade da deficiência sugerem que a vida da pessoa com deficiência deve ser entendida em termos de incapacidade e confinamento (MELLO, 2016).

2.2 Direitos, Decretos e Legislação

A história, considerando especificamente aquela que se refere ao conceito de deficiência e, consequentemente, ao atendimento oferecido às pessoas com deficiência marca milênios de tratamento excludente. A conquista dos direitos dos cidadãos tem uma junção com o contexto social, cultural, político e no campo do cultural observam-se as influências dos costumes, das crenças e dos avanços tecnológicos. Ao explicar as diferentes deficiências esses elementos colaboram para que leis específicas fossem criadas visando atender a diversidade das necessidades. Da mesma maneira direitos foram conquistados com o objetivo de garantir a essa população a mesmas possibilidades de qualidade de vida de todo cidadão (CAPELLINI; RODRIGUES, 2014).

Direitos esses que nem sempre são de domínio, de entendimento e de aceite de uma sociedade, pois existe o preconceito, construído ao longo da história, que será debatido nesse capítulo e acabam por colaborar com a não qualidade de vida almejada pelas pessoas com deficiência.

É muito importante vislumbrar a legislação, pois trata-se da luta de muitos sendo necessária uma reflexão para entender a que passos caminham a implementação e a transformação dos direitos das pessoas com deficiência para uma reflexão sobre isso nos dias atuais.

Em 9 de dezembro de 1975 a Organização das Nações Unidas (ONU) aprovou a Declaração dos Direitos das Pessoas Portadoras de Deficiência, instituindo o direito inerente das pessoas com deficiência ao respeito de sua dignidade e o de ter suas necessidades levadas em consideração em todos os estágios do planejamento socioeconômico. Nos anos que se seguiram foram elaboradas várias diretrizes e recomendações com o intuito de garantir à pessoa com deficiência o mesmo tratamento dispensado a qualquer outro cidadão (BENUTE, 2021).

No Brasil a constituição de 1988, considerada uma das mais avançadas por trazer melhorias significativas e que foi denominada de constituição cidadã institui a igualdade de todos perante a lei.

> Capítulo I – Dos Direitos e Deveres Individuais e Coletivos
> Art. 5º. Todos são iguais perante a lei, sem distinção de qualquer natureza, garantindo-se aos brasileiros e aos estrangeiros residentes no País a inviolabilidade do direito à vida, à liberdade, à igualdade, à segurança e à propriedade, nos termos seguintes:
> XIII - é livre o exercício de qualquer trabalho, ofício ou profissão, atendidas as qualificações profissionais que a lei estabelecer; (BRASIL, 1988).

A constituição também enfatiza o tema dos direitos sociais de pessoas com deficiência no Capítulo II.

> Capítulo II – Dos Direitos Sociais
> Art. 7º. São direitos dos trabalhadores urbanos e rurais, além de outros que visem à melhoria de sua condição social:
> Inciso XXXI - proibição de qualquer discriminação no tocante a salário e critérios de admissão do trabalhador portador de deficiência; (BRASIL, 1988).

Isto garante o direito de exercício de qualquer trabalho, ofício ou profissão, desde que atendidas as qualificações profissionais estabelecidas por lei, além da competência da União, Estados, Distrito Federal e Municípios em relação ao cuidado de pessoas com deficiência.

Para que o direito fosse de fato considerado no exercício profissional surge a lei de cotas promulgada através da

Lei nº 8.213, de 24 de julho de 1991, que assegura o pleno exercício dos direitos individuais e sociais de pessoas com deficiência e sua integração social, obrigando as empresas a cumprir o art. 93. Isto garante o direito de exercício de qualquer trabalho, ofício ou profissão, desde que atendida as qualificações profissionais estabelecidas por lei, além da competência da União, Estados, Distrito Federal e Municípios em relação ao cuidado de pessoas com deficiência.

Embora a lei tenha previsto a inclusão e a contratação de profissionais com deficiência, ela só passou a vigorar de fato no ano 2000, quando foi iniciada a fiscalização do seu cumprimento, onde as empresas com 100 ou mais funcionários cumprindo a lei contratando pessoas reabilitadas ou com deficiência. A porcentagem depende do número de empregados, segundo especificação do art. 93. Constata-se que a Lei de Cotas atinge, principalmente, as médias e grandes empresas, que são legalmente obrigadas a contratar pessoas reabilitadas ou com deficiência. Entretanto, nada impede que as microempresas também invistam na inclusão.

> Art. 93. A empresa com 100 (cem) ou mais empregados está obrigada a preencher de 2% (dois por cento) a 5% (cinco por cento) dos seus cargos com beneficiários reabilitados ou pessoas portadoras de deficiência, habilitadas, na seguinte proporção:
> I - até 200 empregados.................................2%;
> II - de 201 a 500.......................................3%;
> III - de 501 a 1.000...................................4%;
> IV - 1.001 em diante.................................5% (BRASIL, 1991).

De acordo com o apresentado observa-se a quantidade, a temporalidade e a implementação junto à comunidade a ser inserida, a necessidade de fiscalização e a socialização dos seus direitos.

As normas de proteção para as pessoas com deficiência foram expressas pelo Decreto nº 3.298, de 20 de dezembro de 1999 que regulamentou a Lei nº 7.853, de 24 de outubro de 1989, que dispõe sobre a Política Nacional para a Integração da Pessoa Portadora de Deficiência, hoje Pessoas com Deficiência.

Observe que em 1989, de acordo com o disposto acima, surge o termo integração das pessoas com deficiência, onde são declaradas a educação, a saúde, o trabalho, o desporto dentre outras áreas de inclusão.

> Capítulo I – Das Disposições Gerais.
>
> Art. 2°. Cabe aos órgãos e às entidades do Poder Público assegurar à pessoa portadora de deficiência o pleno exercício de seus direitos básicos, inclusive dos direitos à educação, à saúde, ao trabalho, ao desporto, ao turismo, ao lazer, à previdência social, à assistência social, ao transporte, à edificação pública, à habitação, à cultura, ao amparo à infância e à maternidade, e de outros que, decorrentes da Constituição e das leis, propiciem seu bem-estar pessoal, social e econômico.
>
> Art. 3°. Para os efeitos deste Decreto, considera-se:
>
> I – Deficiência – toda perda ou anormalidade de uma estrutura ou função psicológica, fisiológica ou anatômica que gere incapacidade para o desem-

> penho de atividade, dentro do padrão considerado normal para o ser humano;
> II – Deficiência permanente – aquela que ocorreu ou se estabilizou durante um período de tempo suficiente para não permitir recuperação ou ter probabilidade de que se altere, apesar de novos tratamentos; e
> III – incapacidade – uma redução efetiva e acentuada da capacidade de integração social, com necessidade de equipamentos, adaptações, meios ou recursos especiais para que a pessoa portadora de deficiência possa receber ou transmitir informações necessárias ao seu bem-estar pessoal e ao desempenho de função ou atividade a ser exercida (BRASIL, 1999).

Quando é proferido o termo "integração das pessoas com deficiência" surge a necessidade de outras regulamentações e ampliando a visão da Sociedade em relação às pessoas com deficiência e não somente categorizá-la como se destaca, pois a mesma lei também define, no art. 4º do capítulo I, as categorias de pessoas com deficiência.

> Art. 4º. É considerada pessoa portadora de deficiência a que se enquadra nas seguintes categorias:
> I – deficiência física - alteração completa ou parcial de um ou mais segmentos do corpo humano, acarretando o comprometimento da função física, apresentando-se sob a forma de paraplegia, pa-

raparesia, monoplegia, monoparesia, tetraplegia, tetraparesia, triplegia, triparesia, hemiplegia, hemiparesia, ostomia, amputação ou ausência de membro, paralisia cerebral, nanismo, membros com deformidade congênita ou adquirida, exceto as deformidades estéticas e as que não produzam dificuldades para o desempenho de funções;

II – deficiência auditiva – perda bilateral, parcial ou total, de quarenta e um decibéis (dB) ou mais, aferida por audiograma nas frequências de 500HZ, 1.000HZ, 2.000Hz e 3.000Hz;

III – deficiência visual – cegueira, na qual a acuidade visual é igual ou menor que 0,05 no melhor olho, com a melhor correção óptica; a baixa visão, que significa acuidade visual entre 0,3 e 0,05 no melhor olho, com a melhor correção óptica; os casos nos quais a somatória da medida do campo visual em ambos os olhos for igual ou menor que 60o; ou a ocorrência simultânea de quaisquer das condições anteriores; (Redação dada pelo Decreto nº 5.296, de 2004)

IV – deficiência mental – funcionamento intelectual significativamente inferior à média, com manifestação antes dos dezoito anos e limitações associadas a duas ou mais áreas de habilidades adaptativas, tais como:

a) comunicação;

b) cuidado pessoal;

c) habilidades sociais;

> d) utilização dos recursos da comunidade; (Redação dada pelo Decreto nº 5.296, de 2004)
> e) saúde e segurança;
> f) habilidades acadêmicas;
> g) lazer; e
> h) trabalho;
> V – deficiência múltipla – associação de duas ou mais deficiências (BRASIL, 1999).

Outro fato histórico relevante aconteceu em 2007 com a publicação do tratado denominado de Convenção Internacional sobre os Direitos das Pessoas com Deficiência e seu Protocolo Facultativo, que contou com a participação de 192 países membros da ONU e de centenas de representantes da sociedade civil de todo o mundo tendo sido elaborada ao longo de quatro anos e aprovada em 13 de dezembro de 2006 em sessão solene da ONU, assinado pelo Brasil em Nova York, em 30 de março de 2007 (BRASIL, 2009).

> Ao aderir à Convenção, os países signatários como o Brasil assumem compromisso de respeitar as pessoas com deficiência não mais em razão da legislação interna, mas de uma exigência universal de solidariedade, independente da condição pessoal de cada um. E mais... Ao assumir o compromisso universal, os países participantes, principalmente onde se mede a integração das pessoas pela possibilidade de participação econômica, trazem para o seio social empregados, cientistas, artistas... que, ao

> invés de onerar a previdência social, farão parte do concerto de pessoas que contribuem para a maior riqueza das sociedades onde vivem (ONU, 2007).

Surge os elementos de suma importância, como descritos no documento acima: o compromisso de respeitar, a solidariedade, a integração e a inclusão. Fica o questionamento: o que se torna necessário para que isso ocorra?

No entendimento da ONU, deficiência é um conceito em evolução, resultado da interação entre a deficiência de uma pessoa e os obstáculos que impedem sua participação na sociedade. Quanto mais obstáculos, como barreiras físicas e condutas atitudinais impeditivas de sua integração, mais deficiente é uma pessoa. Não importa se a deficiência é física, mental, sensorial, múltipla ou resultante da vulnerabilidade etária. Mede-se a deficiência pelo grau da impossibilidade de interagir com o meio da forma mais autônoma possível.

Ao analisar o contexto do "olhar" para a pessoa com deficiência, vem à tona a reflexão de como isso ocorre hoje no contingente brasileiro. Ao falar em direitos à educação e ao trabalho surgem outros elementos importantes quanto a acessibilidade, a qualidade de vida e a inclusão, ou seja, o desenvolvimento da pessoa com deficiência e a criação de condições que garantam ao acesso a participação de fato da sociedade.

No Brasil ainda existe muito receio na contratação desses profissionais devido aos aspectos culturais e aos paradigmas de estigma por parte de empregadores que relacionam as pessoas com deficiência com a baixa produção e outros estereótipos produzidos e reproduzidos pela própria cultura e se solidificam em forma de preconceito, de discriminação e envolve capacidades que uma pessoa possui ou não. No caso das pessoas com deficiência traz à tona que não são capazes, por terem um defeito, uma marca que os difere do corpo considerado perfeito.

Em função disso surge em 2015 o Estatuto da Pessoa com Deficiência que foi regulamentado pela Lei nº 13.146, de 6 de julho de 2015 instituindo a chamada Lei Brasileira de Inclusão da Pessoa com Deficiência.

> Art. 1°. É instituída a Lei Brasileira de Inclusão da Pessoa com Deficiência (Estatuto da Pessoa com Deficiência), destinada a assegurar e a promover, em condições de igualdade, o exercício dos direitos e das liberdades fundamentais por pessoa com deficiência, visando à sua inclusão social e cidadania (BRASIL, 2015).

Podem ser citados alguns direitos:

Na área de educação:

- É proibido cobrar taxas extras em matrículas.
- Devem ser destinadas cotas de 10% para pessoas com deficiência.

Na área do trabalho:

- Empresas são obrigadas a destinar vagas para deficientes conforme seu tamanho conforme a Lei de Cotas (Lei nº 8.213/1991).

No campo da saúde:

- Tratamento domiciliar em caso de impossibilidade de locomoção, com medicamentos gratuitos.

No campo de benefícios previdenciários:

- Um salário mínimo por pessoa com deficiência, onde a renda da família seja menor que ¼ do salário mínimo.
- Aposentadoria com tempo de contribuição reduzido

2.3 Principais Aspectos enfrentados no mercado de trabalho

Apesar da disseminação das políticas de ações afirmativas em prol dos direitos de pessoas com deficiência (PcD), essas ainda encontram inúmeras barreiras para uma efetiva inclusão social. As políticas são determinantes no contexto socioeconômico, entretanto é necessário refletir na atualidade o comportamento das pessoas, as atitudes e a empatia com os integrantes do grupo estigmatizado.

O que significa grupo estigmatizado? De acordo com Goffman (1988), em decorrência do profundo conhecimento dos gregos, no que se refere à criação e utilização de recursos visuais, eles criaram o termo *estigma* para evidenciar alguma coisa extraordinária ou um mal sobre o status moral de acordo com as marcas apresentadas.

Na atualidade o termo estigma é usado em referência a um atributo profundamente depreciativo relacionado aos estereótipos. O atributo é uma caraterística desonrosa qualificando todos aqueles que fazem parte de um grupo estigmatizado e os estereótipos são as características que lhes são atribuídas, considerando todos aqueles com o mesmo atributo às mesmas qualificações (estereótipo). Nesse caso, as pessoas com deficiência são estereotipadas, como "não são capazes", "não conseguem fazer nada", "só dão trabalho", "são muito lentas", "não conseguem entender" e "não se pode confiar".

Ainda de acordo com Goffman (1988), as categorias são estabelecidas pelo ambiente social de acordo com os atributos considerados comuns naquele grupo, como exemplo refugiados, pessoas em situação de rua, indígenas, pessoas com deficiência, dentre outros. Portanto, é a sociedade que determina as categorias (grupos estigmatizados) através de um espaço ideológico, que conduz a uma série de consequências, talvez, irremediáveis, levando o estigmatizado a ações ligadas à autodepreciação, à perda de autoestima, até a tentativas de corrigir o "estigma", atribuído a si como fraqueza, diminuindo sua condição humana.

Por exemplo: um indivíduo que poderia ter sido facilmente recebido na relação social, mas possui um traço que pode chamar a atenção, acaba sendo afastado pelas pessoas que ele encontra, destruindo a possibilidade da atenção das pessoas para outros atributos seus (BENUTE, 2021).

Segundo Glat (2006), a produção de estigma desencadeia um processo denominado de "seleção natural", a qual assume diversas formas perversas de exclusão e marginalização de pessoas ou comunidades. Portanto, junto com todas as questões da legislação e dos decretos promulgados, vem a discussão de como estão na atualidade as pessoas com deficiência, de como elas se sentem, do que sentem falta e o que precisam para uma melhor qualidade de vida.

Surgem, então, as questões: quando a PcD procura emprego, como ela é recebida? Existe preocupação em saber quais são as suas habilidades e competências? Quais são as necessidades da existência no espaço de trabalho da tecnologia para que possa de fato se integrar ao trabalho? E a escola está preparada? Os professores estão preparados? Isso vem acontecendo, mas em passos lentos.

O processo de chegada do estereotipado pode refletir em uma autoimagem depreciativa, na medida em que o indivíduo acaba se identificando com o que lhe foi outorgado consciente ou inconscientemente e passa a ver a si próprio como se não fosse nada além de um deficiente, marca esta construída socialmente (GLAT, 2006). Isso pode ser realimentado a cada dia, se a empresa por exemplo contratar a PcD e não lhe atribuir nenhuma função, objetivando somente cumprir a lei para não sofrer as punições cabíveis.

Constata-se dessa forma que existe, segundo Goffman, a identidade virtual, aquilo que se espera do outro, de acordo com as características consideradas de prestígios, e a identidade real, que se encontra diante de você, que se encontra nos contatos mistos, que pode gerar vários sentimentos desagradáveis entre ambos devido aos estigmas construídos e as suas consequências.

Quando são recebidos no ambiente de trabalho e reconhecido somente pela sua característica como inferior, ampliando o seu descrédito, sendo considerado como uma fraqueza ou desvantagem e isso pode levá-lo, segundo Goffman (1988) a se sentir retraído e sem condições de nada fazer ou ser desprezado pelos colegas por acharem que não consegue fazer com a mesma rapidez ou com a mesma perfeição o trabalho e ganhar o mesmo salário.

Dessa forma, está se negando a capacidade de ser e de fazer das pessoas com deficiência na esfera de trabalho, como também pode ocorrer em outras esferas sociais, pois, de acordo com Mello (2016), a medicalização e a corporeidade da deficiência sugerem que a vida da pessoa com deficiência deve ser entendida em termos de incapacidade e confinamento, como descrito no início deste capítulo, antes do surgimento de todas as leis.

2.4 Como Tudo Isso Ocorre no Trabalho?

No dia a dia, os contatos mistos permeiam o cotidiano, momentos em que os estigmatizados estão na mesma "situação social", ou seja, na presença física imediata um do outro. A seguir, listam-se os sentimentos observados no cotidiano.

Sentimentos observados no cotidiano

Tipo	Sentimento
Previsão de contatos no trabalho	A simples previsão de contatos pode levar os chamados normais e os estigmatizados a evitar tais contatos.
Interação no trabalho	O indivíduo estigmatizado, pelo menos o "visivelmente" estigmatizado, terá motivos especiais para sentir que as situações sociais mistas promovam uma interação angustiada.

Tipo	Sentimento
Falta de intercâmbio social	Faltando o feedback do intercâmbio social com os outros, a pessoa que se auto isola possivelmente torna-se desconfiada, deprimida, hostil, ansiosa e confusa.
Enfrentar uma relação social mista	O indivíduo estigmatizado pode antecipadamente responder através de uma capa defensiva, essa atitude é consequência daquilo que já vivenciou antes de chegar na atual empresa.
Não saber como agir	Pode se sentir constrangido e ainda, segundo o autor, existe um tipo chamado de "informado", que é aquele que não tem o estigma, mas convive, ajuda, aceita e acaba sendo aceito no grupo de forma favorável.

Fonte: Adaptado de Goffman (1988 apud Benute, 2021)

Destaca-se, no quadro acima, aquilo que pode ocorrer nas relações entre as pessoas com deficiência e os gestores, os colegas de trabalho ou alunos de uma mesma sala de aula, podendo sugerir reflexões para indicar como podem agir enquanto sujeitos informados.

Constata-se dessa forma que além de leis, decretos e outros instrumentos criados ao longo da história, ainda existe uma resistência muito grande, pois conforme discutido acima, a questão da educação inclusiva e da inclusão na empresa trata-se de um processo, pois a empatia, ou seja, o sentir-se no lugar do outro, nem sempre existe como prática cultural e no contato misto ainda persiste essa barreira. E como quebrar essa barreira? A inclusão social ocorre quando existe um processo de ajuste tanto da pessoa com deficiência quanto da sociedade.

Muitos são os argumentos e as dúvidas de gestores a respeito do trabalho com PcD, tais como: saber orientar, como identificar as habilidades, as competências e como trabalhar com a equipe para receber o novo funcionário, isso também se repete no ambiente escolar. Portanto, ainda existe um longo caminho a ser percorrido, tendo em vista a transformação da prática social de todos.

Mas como isso poderia acontecer? Vislumbrou-se toda a sequência histórica e agora se depara como facilitar de fato a inclusão, eliminar estereótipos e realizar o processo de inclusão. Trata-se de uma construção de todos para mudar o "olhar", criar um ambiente considerando as necessidades de cada um, conhecer as habilidades dentro das suas condições físicas e cognitivas, preparar a equipe para recebê-los, criar normas de ambientação com a participação de todos da equipe, valorizar e intervir de acordo com as necessidades das pessoas com deficiência. Por isso, não se pode somente analisar as leis e os decretos, independente das condições de acessibilidade. Segundo Aranha apud

Marchesan e Carpenedo (2021), deve ocorrer primeiro a integração da pessoa com deficiência, que ele chama de aprontamento do sujeito para a vida em comunidade, para que se atinja a inclusão de fato.

Além disso, a fala ou a escrita a respeito de pessoas com deficiência podem estar contaminadas por insegurança ou pelo receio de se expressar adequadamente. Por exemplo, como afirma Sassaki (2019), deve-se usar o termo "pessoas com deficiência" como uma designação genérica que substitui os termos "deficiente(s)", "portador(es) de deficiência", "especial", "aleijado", "incapacitado", "inválido", "defeituoso(s)" etc.

A Pesquisa Nacional de Saúde realizada em 2019 pelo IBGE aponta alguns indicadores de desigualdade social que reproduzem a deficiência como condição das pessoas com impedimentos corporais ou limitações funcionais, tornando-se barreiras para sua participação no mercado de trabalho.

Apenas 28,3% das pessoas com deficiência em idade de trabalhar (14 anos ou mais de idade) estavam na força de trabalho, ante 66,3% daquelas sem deficiência. Cerca de 67,6% da população com deficiência não tinha instrução ou tinham o ensino fundamental incompleto, percentual que era de 30,9% para as pessoas sem nenhuma das deficiências investigadas (IBGE, 2019).

2.5 A Educação e o Processo de Inclusão da Pessoa com Deficiência

Como primeiro argumento deve-se considerar que há um avanço no ingresso de PcD no ensino superior. Entretanto, não se pode concluir que seja uma política pública consolidada, como mostram os indicadores do Instituto Nacional de Estudos e Pesquisas Educacionais Anísio Teixeira (Inep), como órgão responsável pelas estatísticas oficiais.

No ano de 2019, foram realizadas 43.633 matrículas distribuídas entre Deficiência física (15.647), Baixa visão (12.751), Deficiência auditiva (5.978), Deficiência intelectual (2.755), Cegueira (2.537), Surdez (2.235), Altas habilidades–Superdotação (1.486), Deficiência múltipla (906), Autismo infantil (633), Síndrome de Asperger (489), Transtorno Desintegrativo da Infância (235), Síndrome de Rett (182), Surdocegueira (132) (INEPE, 2019).

Por entender que o ingresso impacta politicamente na percepção dos direitos das pessoas com deficiência e na própria formulação da política pública o Fórum Nacional de Educação Especial das Instituições de Ensino Superior coloca em pauta desde 1996, no esteio do impacto político, a proposição como estratégia para assegurar nos currículos da licenciatura as disciplinas "Aspectos Ético-Político-Educacionais da Normalização e Integração da Pessoa Portadora de Necessidades Especiais". O propósito do fórum centra-se na articulação e troca de experiência entre as universidades, sobretudo entre os núcleos de acessibilidade.

> O Programa de Acessibilidade na Educação Superior (Incluir) propõe ações que garantem o acesso pleno de pessoas com deficiência às instituições federais de ensino superior (Ifes). O Incluir tem como principal objetivo fomentar a criação e a consolidação de núcleos

> de acessibilidade nas Ifes, os quais respondem pela organização de ações institucionais que garantam a integração de pessoas com deficiência à vida acadêmica, eliminando barreiras comportamentais, pedagógicas, arquitetônicas e de comunicação. (BRASIL, 2013)

Essa política educacional se soma a outras para possibilitar a permanência dos estudantes com deficiência nas universidades, garantindo uma assistência educacional e um atendimento especializado visando eliminar barreiras relacionadas à convivência das pessoas no ambiente educacional.

Os Núcleos de Acessibilidade, conforme citado no Programa Incluir, "*respondem pela organização de ações institucionais que garantam a integração de pessoas com deficiência à vida acadêmica, eliminando barreiras comportamentais, pedagógicas, arquitetônicas e de comunicação*". Acrescente-se ainda a reserva de vaga no ensino técnico e superior das instituições federais (BRASIL, 2013).

Manzini (2005) compreende a inclusão no espaço das universidades, como condição para a efetivação de medidas cujos aspetos legais e jurídicos são tangíveis, e, por isso, teoricamente se pode consubstanciar acessibilidade como parte significativa do direito à educação das pessoas com deficiência. Ele também considera que acessibilidade no ensino superior é um termo mais adequado que os comumente utilizados "inclusão social" e "inclusão educacional".

Concorda-se que os aspectos teórico e legal, apontados pelo teórico, são passíveis da ação no tempo, espaço e na interação entre sujeitos e que a acessibilidade é processo dinâmico que evolui à medida que se promove a participação das pessoas com deficiência com o convívio nos diferentes cotidianos do ensino superior.

Do ponto de vista da legislação específica sobre acessibilidade no ensino superior acredita-se que as indicações do que se define como barreira não é suficiente para uma mudança nos cotidianos universitários, isso porque é possível perceber que as prerrogativas legais existem desde antes do ingresso considerável de pessoas com deficiência no ensino superior.

A acessibilidade não se resume à efetivação dos direitos desse público tão somente pelos aspectos relacionados ao acesso e permanência, é preciso considerar as condições nas quais se desenvolvem a aprendizagem desses estudantes e também como o ensino se sedimenta nas diversas situações que se apresentam nos contextos universitários no que se refere à formação acadêmico — profissional de qualidade com o desenvolvimento de habilidades, competências e conteúdos atinentes às diversas áreas de formação universitária.

Logo, na dimensão educacional, é plausível afirmar que a entrada progressiva de pessoas com deficiência no ensino superior produz a necessidade de se pensar em formas de garantir que o direito à educação seja consubstanciado, importante destacar, à luz de Manzini (2005), que acessibilidade representa a busca pela consolidação da garantia desses direitos e não pode ter como referência só a eliminação de barreiras arquitetônicas ou a oferta de recursos e serviços, é imprescindível que haja mudança de concepção quanto a participação dessas pessoas nesse nível de ensino, não as caracterizando a partir de suas deficiências, e sim reconhecendo que para a consolidação do direito à educação nos diferentes cursos superiores.

2.6 Integração e Inclusão

A desigualdade que atinge o nosso país também atinge todos os setores, e isso exige representatividade, luta constante, vozes que clamem os seus Direitos.

Direito à educação, direito ao trabalho e direito à qualidade de vida, rompendo as barreiras do preconceito os ambientes, tornam-se propicio para o desenvolvimento das pessoas com deficiência, visando atingir a sua integração, enquanto preparação para uma inclusão de fato.

Para se obter de fato a inclusão precisa-se galgar um longo caminho, pois a inclusão só acontece quando há o processo de ajuste tanto da pessoa com deficiência quanto da sociedade através de um investimento no desenvolvimento do sujeito e na criação de condições que garantam o acesso e a participação de fato dessa pessoa na sociedade com todos os suportes necessários (ARANHA APUD MARCHESAN; CARPENEDO, 2021).

Referências

BENUTE, Gláucia R. Guerra (Org.). **Gestão e processo de inclusão de colaboradores com deficiência**. Vol. 7. São Paulo: Setor de Publicações – Centro Universitário São Camilo, 2021. (Coleção Ensaios sobre Acessibilidade).

BRAGA, Janine C. Ferreira; FEITOSA, Gustavo R. Pereira. **Direito à Educação da Pessoa com Deficiência:** transformações normativas e a expansão da inclusão no brasil. Revista Direitos Humanos e Democracia. Editora Unijuí. Ano 4, n. 8, jul./dez. 2016. Disponível em: (PDF) DIREITO À EDUCAÇÃO DA PESSOA COM DEFICIÊNCIA: TRANSFORMAÇÕES NORMATIVAS E A EXPANSÃO DA INCLUSÃO NO BRASIL (researchgate.net). Acesso em: 26 ago. 2022.

BRASIL. **Constituição da República Federativa do Brasil de 1988**. Brasília (DF): Presidência da República, 1988. Disponível em: Constituição (planalto.gov.br). Acesso em: 26 ago. 2022.

______. **Lei nº 8.213, de 24 de julho de 1991.** Planos de Benefícios da Previdência Social. Brasília (DF): Presidência da República, 1991. Disponível em: http://planalto.gov.br/. Acesso em: 23 ago. 22.

______. **Decreto nº 3.298, de 20 de dezembro de 1999**. Regulamentou a Lei nº 7.853, de 24 de outubro de 1989 que dispõe sobre a Política Nacional para a Integração da Pessoa Portadora de Deficiência, consolida as normas de proteção, e dá outras providências. Brasília (DF): Presidência da República, 1999. Disponível em: D3298 (planalto.gov.br). Acesso em: 23 ago. 2022.

______. **Decreto nº 6.949, de 25 de agosto de 2009.** Direitos das Pessoas com Deficiência e seu Protocolo Facultativo. Brasília (DF): Presidência da República, 2009. Disponível em: Decreto nº 6949 (planalto.gov.br). Acesso em: 23 ago. 2022.

______. **Documento orientador Programa Incluir**: Acessibilidade na Educação Superior. Brasília (DF): Ministério da Educação – SECADI/SESu, 2013. Disponível em: DOCUMENTO ORIENTADOR (www.gov.br). Acesso em: 24 ago. 2022.

______. **Lei nº 13.146, de 6 de julho de 2015**. Lei Brasileira de Inclusão da Pessoa com Deficiência. Brasília (DF): Presidência da República, 2009. Disponível em: L13146 (planalto.gov.br). Acesso em: 25 ago. 2022.

______. **Censo Demográfico de 2020 e o mapeamento das pessoas com deficiência no Brasil**. Brasília (DF): Ministério da Saúde, 2019. Disponível em Slide 1 (camara.leg.br). Acesso em: 24 ago. 2022.

CAPELLINI, Vera Lúcia Messias Fialho; RODRIGUES, Olga Maria Piazentin Rolim. **Fundamentos históricos e legais da educação da pessoa com deficiência, transtorno global do desenvolvimento e altas habilidades/superdotação no Brasil**. São Paulo: Unesp, 2014. Disponível em: unesp-nead_reei1_ee_d02_texto02.pdf. Acesso em: 28 ago. 2022.

GLAT R. **A integração social dos portadores de deficiência**: uma reflexão. Rio de Janeiro: Letras 2006.

GOFFMAN E. **Estigma:** Noções sobre a manipulação da identidade Deteriorada. 4ª. ed. Rio de Janeiro: Zahar, 1988.

INSTITUTO BRASILEIRO DE GEOGRAFIA E ESTATÍSTICA (IBGE). **Censo Demográfico de 2010**. Brasília (DF): IBGE, 2010. Disponível em: IBGE | Censo 2010. Acesso em 29 ago. 2022.

INSTITUTO BRASILEIRO DE GEOGRAFIA E ESTATÍSTICA (IBGE). **Pesquisa Nacional de Saúde 2019**. Brasília (DF): IBGE, 2019. Disponível em: PNS 2019: país tem 17,3 milhões de pessoas com algum tipo de deficiência | Agência de Notícias (ibge.gov.br). Acesso em 29 ago. 2022.

INSTITUTO NACIONAL DE ESTUDOS E PESQUISAS EDUCACIONAIS (INEPE). **Resumo técnico do Censo da Educação Superior 2019** [recurso eletrônico]. Brasília: Instituto Nacional de Estudos e Pesquisas Educacionais Anísio Teixeira, 2021. Disponível em resumo_tecnico_censo_da_educacao_superior_2019.pdf (inep.gov.br). Acesso em: 02 jul. 2022.

MANZINI, Eduardo J. Inclusão e Acessibilidade. **Revista da Sobama**. Dezembro de 2015. Vol. 10. nº 1. Suplemento. Disponível em: 001d-Manzini 2005 Acessibilidade | PDF | Acessibilidade | Sociologia (scribd.com). Acesso em: 27 ago. 2022.

MARCHESAN, Andressa; CARPENEDO Rejane. Capacitismo: entre a designação e a significação da pessoa com deficiência. **Revista Trama**, v. 17, nº 40, 2021, p. 45–55. Disponível em: ResearchGate. Acesso em: 29 ago. 2022.

MELLO, Anahi G. Deficiência, incapacidade e vulnerabilidade: do capacitismo ou a preeminência capacitista e biomédica do Comitê de Ética em Pesquisa da UFSC. **Rev. Ciência & Saúde Coletiva**, 21(10):3265–3276, 2016. Disponível em: SciELO-Brasil-Deficiência, incapacidade e vulnerabilidade: do capacitismo ou a preeminência capacitista e biomédica do Comitê de Ética em Pesquisa da UFSC Deficiência, incapacidade e vulnerabilidade: do capacitismo ou a preeminência capacitista e biomédica do Comitê de Ética em Pesquisa da UFSC. Acesso em: 29 ago. 2022.

ONU – ORGANIZAÇÃO DAS NAÇÕES UNIDAS. **Declaração Universal dos Direitos Humanos**. Resolução ONU nº 217-A de 10/12/1948. Disponível em Resolução ONU nº 217-A de 10/12/1948 (normasbrasil.com.br). Acesso em: 26 ago. 2022.

_______. **Convenção sobre os Direitos das Pessoas com Deficiência.** Brasília: UNICEF, 2007. Disponível em: Convenção sobre os Direitos das Pessoas com Deficiência (unicef.org). Acesso em: 27 ago. 2022.

SASSAKI, Romeu Kazumi. **Terminologia sobre Deficiência na Era da Inclusão.** Paraíba: Instituto Federal da Paraíba (IFPB), 2019. Disponível em: Empregando adequadamente nomenclaturas no contexto da deficiência — Instituto Federal da Paraiba IFPB. Acesso em: 28 ago. 2022.

CAPÍTULO 3

Etarismo: o preconceito contra a pessoa idosa na sociedade brasileira e seus reflexos para a área da saúde

Luciane Pedro

"A única categoria social que inclui todo mundo é velho. Somos classificados como homem ou mulher, homo, heterossexual, negro, branco. Mas, velho todo mundo é: hoje ou amanhã. O jovem de hoje é o velho de amanhã. Por isso, como nos movimentos libertários dos séculos passado do tipo Black is Beautiful, nós deveríamos vestir uma camiseta com as ideias: 'Eu também sou velho!' Ou, melhor ainda, 'Velho é lindo!'

Eu tenho um sonho que um dia o velho será considerado lindo e que poderemos viver em uma nação onde as pessoas não serão julgadas pelas rugas da sua pele, e sim pela beleza do seu caráter. Livres! Somos livres, enfim!".

Mirian Goldenberg

3.1 O Envelhecimento na Sociedade Brasileira Atual

O envelhecimento populacional é um tema amplamente discutido na sociedade em geral e, especialmente nos últimos anos, na sociedade brasileira em particular. A ampliação da discussão em relação ao envelhecimento deve-se ao fato de a população mundial alcançar índices cada vez mais elevados de pessoas idosas, fenômeno também presente na sociedade brasileira.

Segundo a Pesquisa Nacional de Amostras de Domicílios (PNAD Contínua), divulgada no *site* Instituto Brasileiro de Geografia e Estatística (IBGE), em 22/07/2022[1], a população brasileira chegou, em 2021, a 212,7 milhões, apontando um crescimento de 7,6% entre 2012 e 2021. No entanto, nesse mesmo período, houve uma queda de 3,4% no número de pessoas abaixo de 30 anos. Em contrapartida, o percentual de pessoas com 60 anos ou mais passou de 11,3% para 14,7% da população. *"Em números*

[1] Agência IBGE Notícias- site: https://agenciadenoticias.ibge.gov.br/agencia-noticias/2012-agencia-de-noticias/noticias/34438-populacao-cresce-mas-numero-de-pessoas-com-menos-de-30-anos-cai-5-4-de-2012-a-2021. Consultado em 26/07/2022.

absolutos, esse grupo etário passou de 22,3 milhões para 31,2 milhões, crescendo 39,8% no período."

O relatório final da pesquisa realizada disponibilizado no *site* do IBGE, com apontamentos do analista Gustavo Fontes, destaca que esse crescimento é proporcionalmente maior quando comparado ao crescimento da população até 30 anos, fato relacionado à queda da taxa de fecundidade, responsável pela redução do número de crianças e à longevidade que contribuí progressivamente para o aumento de pessoas idosas na população.

O mesmo analista destaca que as estimativas por classe de idade do nosso país, por ser alinhada com as projeções populacionais, ainda não incorporaram os efeitos da pandemia, o qual só teremos dados concretos para avaliação em 2023, como resultado da pesquisa iniciada em agosto de 2022.

No entanto, o fenômeno do envelhecimento populacional é um fato, enquanto reflexo de alguns fatores conjugados, tais como: avanços na medicina, nas condições sanitárias e nutricionais e redução da taxa de natalidade. Enfim, diz respeito ao desenvolvimento em uma sociedade que oferece cada vez mais expectativa de vida para a sua população.

Matéria que relata uma pesquisa realizada pela Fundação Oswaldo Cruz (Fiocruz), aponta que faz muito tempo que esse fenômeno é um desafio para o país que é carente em políticas públicas específicas à faixa etária em discussão.

> O Brasil vem progressivamente experimentando a queda da taxa de natalidade, aumento da expectativa de vida e redução significativa da mortalidade infantil. As consequências dessas mudanças são várias e uma delas diz respeito ao desafio de garantir qualidade de vida para os cerca de 31 milhões de idosos que o país tem hoje.[2]

Historicamente, no Brasil, a pessoa idosa, bem como suas necessidades específicas, foi tratada como questão privada, de responsabilidade da família (familismo)[3], de entidades religiosas ou filantrópicas. Tem-se um reflexo muito grande, no presente, dessa trajetória histórica, como, por exemplo, poucas políticas públicas específicas que atendam as consequências do fenômeno crescente de envelhecimento da sociedade brasileira.

São vários fatos que podem ser apontados, porém, um olhar, mesmo que rápido sobre as condições de atendimento à saúde da pessoa idosa no Sistema Único de Saúde (SUS), a questão previdenciária, assim como a constatação do predomínio da filantropia no acolhimento de pessoas idosas fragilizadas e sem possibilidade de permanência

---

[2] GUIMARÃES, Caio. *Um país mais velho: o Brasil está preparado?* In *EPSJV/Fiocruz*. Disponível em https://www.epsjv.fiocruz.br/noticias/reportagem/um-pais-mais-velho-o-brasil-esta-preparado

[3] O termo familismo usado no texto expressa especificamente uma narrativa que defende um sistema de bem-estar social não mais como responsabilidade do Estado. Portanto, infere-se que a responsabilidade do cuidado dos entes mais fragilizados deve ser assumida pelas famílias.

com familiares, já oferece uma boa medida em relação aos reflexos aqui referidos.

Outrossim, destaca-se o fato que, apesar da longevidade ser um marcador de desenvolvimento social, no país está atravessada por um corte de classe, haja vista a qualidade de vida, e consequente aumento da expectativa dos anos vividos, ter intrínseca relações com as condições dignas de moradia, saúde, lazer, trabalho, educação. Ou seja, aos direitos humanos que são fundamentais para a preservação da dignidade humana. A mesma pesquisa citada anteriormente, realizada pela Fiocruz, aponta essa desigualdade presente no fenômeno do envelhecimento da população brasileira:

> Esse processo acontece de forma muito desigual em todo o país. Dados do Instituto Brasileiro de Geografia e Estatística (IBGE) mostram que, em 2019, a expectativa de vida no Brasil atingiu 76,6 anos, mas a média da população dos estados mais pobres chega a ser 8,5 anos a menos do que nas regiões mais ricas. Em Santa Catarina, que ocupa o topo da longevidade, a expectativa de vida era de 79,9 anos, enquanto no Maranhão, que fica na outra ponta do ranking, ela cai para 71,4 anos.[4]

A médica geriatra e presidente da Frente Nacional de Fortalecimento às Instituições de Longa Permanência, criada no contexto da pandemia, Dra. Karla Giacomin, que

---

[4] Ibidem

contribuiu para a matéria que relata a pesquisa da Fiocruz, acrescenta ainda outros marcadores dessa desigualdade:

> Esse abismo pode ser ainda maior no interior de uma mesma cidade. (...) Em São Paulo, diz, entre a periferia e a zona nobre, essa distância pode chegar a duas décadas. E tudo isso sem contar elementos como cor e orientação sexual, que também afetam essas estatísticas. 'Parte da população masculina negra jovem é privada da chance de envelhecer porque é dizimada pela violência urbana'[5]

O traço dessa desigualdade social, alinhado à ausência de direitos e de políticas públicas, acentuaram-se no período da pandemia do Covid-19, como destaca a Professora Yeda Duarte, da Universidade de São Paulo (USP) e coordenadora do estudo Saúde, Bem-estar e Envelhecimento (Sabe), na mesma matéria que relata dados da pesquisa realizada pela Fiocruz:

> Como principal grupo de risco da Covid-19, a recomendação era que os idosos evitassem sair de casa. Mas, para os quase 5,5 milhões de idosos que moram sozinhos no Brasil (cerca de 17% dessa população, segundo o IBGE), as coisas não foram tão fáceis. De acordo com a coordenadora do Sabe, em São Paulo, durante a pandemia, apenas 30%

[5] Ibidem

> da população idosa conseguia usar o telefone para pedir compras, comida e medicamentos, entre outras necessidades. 'Ou ele tinha ajuda ou saía de casa e quebrava a restrição [sanitária]', resume. E completa: 'Já se tinha que ter pensado em uma estratégia de política pública para ajudar essas pessoas. Mas isso não aconteceu'.[6]

Essa constatação nos remete para os problemas estruturais da sociedade brasileira contemporânea, chegando, inclusive, a comprometer as bases sobre as quais se consolida a democracia em curso desde a década de 1980. Assinala, na mesma proporção, a ausência de um Estado de Direito que garanta efetivamente o acesso a todos os grupos a terem garantidos seus direitos.

> 'Não existe uma velhice única, há velhices diferentes. E a gente sabe hoje que o código de endereçamento postal [CEP] onde uma pessoa vive determina muito mais o envelhecimento dela do que a própria bagagem genética', explica Giacomin, que completa: 'É muito importante que as pessoas reconheçam que envelhecer é o resultado do acesso ou da falta de acesso a direitos fundamentais'.

Além dessas análises, importantes para as reflexões acerca do preconceito em relação ao envelhecimento na

[6] Ibidem

cultura do país, acrescenta-se outra, a saber: a maior parte das pessoas com mais de 60 anos vive em áreas urbanas, dessa forma, aponta-se as questões de infraestrutura das cidades, muito aquém de atender as necessidades específicas desta faixa etária no que diz respeito ao transporte, acesso ao lazer e à cultura e aos mais variados espaços que podem ser explorados na vida cotidiana. Portanto, a lógica do isolamento e da solidão ainda marca a vida de várias pessoas idosas nos dias de hoje.

Enfim, são vários os obstáculos que dificultam o envelhecimento saudável da população brasileira, mesmo a despeito da Lei nº 10.741, de 1º de outubro de 2003[7] e da "Década do envelhecimento saudável", estabelecida pela Organização Mundial de Saúde (OMS), como sendo o período de 2021 a 2030.

Assim sendo, em consonância com estas transformações no perfil populacional, há no cenário nacional crescentes discussões, principalmente no final do século XX e início do XXI, acerca dos direitos da pessoa idosa, incluindo a necessidade de repensar o papel do Estado e suas Políticas Públicas que efetivem a garantia desses direitos.

Não se pode omitir também a questão da violência doméstica e o preconceito, reflexos das representações carregadas de atributos depreciativos em relação à "velhice", enraizadas no imaginário social coletivo.

---

[7] Alterada pela Lei nº 14.423, de 22 de julho de 2022, para substituir as expressões "idoso" e "idosos" pelas expressões "pessoa idosa" e "pessoas idosas", respectivamente

Neste sentido, ao lado de ações por parte do Estado para a promoção da saúde e bem-estar das pessoas idosas, há necessidade de debater e pensar em ações que envolvam a todos, bem como que torne as relações socias menos preconceituosas em relação à idade cronológica e à vida após a aposentadoria, e que as gerações mais jovens encarem o processo de envelhecimento de forma mais positiva e saudável.

Assim, destaca-se a urgência da discussão, aqui em foco, na temática do multiculturalismo e da diversidade na perspectiva dos direitos humanos, elaborando propostas para que o tema do envelhecimento entre nos espaços educacionais e nos currículos destinados às mais variadas formações profissionais e na formação do profissional da saúde, em específico, o que interessa discutir ao longo desse capítulo.

Portanto, objetiva-se prosseguir as análises acerca da importância de pensar iniciativas que incorporem a discussão sobre o envelhecimento, e do preconceito que o acompanha, na formação dos futuros profissionais da saúde, para que se possa fortalecer relações intergeracionais mais empáticas, visando a alteridade e respeito às diferenças, que atenda a todos e todas com dignidade nesta etapa da vida.

3.2 Mas, afinal, o que é Etarismo?

O etarismo, ageismo e idadismo são termos usados para designar um conjunto de práticas baseadas em estereótipos e narrativas depreciativas, portanto preconceituosas, que se manifestam em atitudes discriminatórias contra indivíduos ou grupos de indivíduos por conta de sua idade ou faixa etária. E, em uma sociedade como a nossa, em que há a supervalorização da juventude, esse preconceito atinge sobremaneira um faixa de idade específica que são as pessoas idosas.

Segundo a autora Fran Winandy, o termo etarismo começou a ser usado nos anos 60 do século XX para designar as relações de preconceito e intolerância relacionadas à idade "*(...) com conotações semelhantes às de 'racismo' e 'sexismo'. Por essa razão, o termo tem a terminação 'ism', utilizada em expressões da língua inglesa que denotam discriminação: age + ism, ageism*". (WINANDY, 2021 p. 49).

Entende-se a importância de um termo específico para falar dessas questões do preconceito por idade, haja vista o lugar de invisibilidade social que, de forma geral, a pessoa idosa é sujeita. E essa problemática social vem crescendo na mesma proporção em que o número da população idosa aumenta, assim como a longevidade, ou seja, quanto mais idade a pessoa tem, mas sujeita ao olhar estigmatizado está. E como defende a Filósofa Djamila Ribeiro, a partir da discussão sobre o racismo, não podemos combater o que não tem nome, portanto há necessidade de se nomear as opressões.

Dentro desta perspectiva deve-se indicar também que a afirmação da visibilidade do lugar social da pessoa idosa só é possível a partir da construção de outro olhar em relação ao processo de envelhecimento e a "velhice", um olhar para além do consenso presente em sociedades pautadas pela lógica do capital. Para tornar a discussão mais objetiva pode-se apontar algo que é extremamente evidente, como, por exemplo, a supervalorização da juventude presente no imaginário social, pois esta representa a idade da produtividade, valor maior da lógica capitalista.

Como afirma Mônica Todaro:

> O bem-estar e a aceitação social dos indivíduos aparecem sempre associados a um corpo belo e jovem. As imagens veiculadas pelos meios de comunicação transformam os atributos e os valores juvenis em ideal de vida para todas as idades. O mundo internalizado é o da juventude, do consumo, do descartável, da individualidade e do ritmo frenético. Esse ideário vem se apresentando aos indivíduos como objetivos para que atinjam o modelo de juventude eterna. (2009, pg. 13)

Neste sentido, predomina no imaginário social a desvalorização dos indivíduos, conforme sua faixa etária, que está ligada à lógica da produtividade, promovendo atitudes e posturas negativas diante ao processo de envelhecimento, especialmente, o olhar que se tem em relação às pessoas idosas. Na contemporaneidade, com o avanço do capitalismo globalizado, esse imaginário acentua-se, inclusive em países do oriente, que tradicionalmente estabeleciam uma outra relação com as gerações mais velhas.

Pode-se dizer que há algumas décadas vive-se um contexto de muitas transformações sociais, culturais e tecnológicas, as quais ocorrem em um ritmo cada vez mais acelerado. O acesso e a circulação de informações, a produção de conhecimento e a própria relação com o tempo são alguns dos aspectos fundamentais que vêm se modificando. A volatilidade desse cenário implica, sem dúvida, transformações em que o novo é sempre supervalorizado, conforme análise de Mucida:

> Junto à nova ciência, inaugura o imperativo do novo sob diferentes formas, tanto no tocante aos objetos fabricados pelo capitalismo moderno quanto à imagem e à decapitação da história. Quando tudo se torna obsoleto num tempo mínimo, é o próprio sujeito que está em causa: envelhecer torna-se também obsoletar. (2006, pg. 80)

Há necessidade da incorporação, ao longo das abordagens acima referidas, de reflexões críticas sobre as representações cristalizadas na sociedade acerca do envelhecimento associado a uma fase de decadência e improdutividade. Obviamente, com o bom senso, como aponta Minayo (2011) de não cair no discurso ideológico, com finalidades meramente mercadológicas, enfatizando a velhice como a melhor idade.

A mesma autora afirma: "*o próprio Estado promove um imaginário que aterroriza os idosos, pois os coloca como responsáveis pelos desequilíbrios da Previdência, das políticas sociais e de saúde.*" (2011, p. 13).

Dessa forma, o discurso da melhor idade, em uma sociedade que caminha aceleradamente para uma modelo de Gestão do Estado a partir dos pressupostos neoliberais, pode servir enquanto justificativa de retirada dos direitos, mesmos os parcos diretos previdenciários hoje existentes, reforçando a narrativa do familismo, como já aqui apontado.

A supervalorização da juventude, enquanto um aspecto importante na discussão em foco, chama atenção para a questão de gênero, pois, como destaca Fran Winandy, o etarismo manifesta-se de forma cruzada com outros marcadores identitários já estigmatizados, tais como gênero, orientação sexual, raça e classe social (2021, pg. 67).

A sociedade brasileira, fundada a partir de uma estrutura de poder patriarcal, é marcada pelo machismo, racismo e a heteronormatividade, portanto, o etarismo opera de forma diferente para homens, mulheres, negros, brancos e para indivíduos com uma orientação sexual fora do padrão hétero cisgênero.

Brevemente, pode-se apontar alguns desses marcadores, a fim de enriquecer as análises da temática em foco. Apesar da complexidade que a discussão de gênero pressupõe, pretende-se iniciar essa análise a partir desse marcador identitário, haja vista a nítida pressão social sobre as mulheres para impedir ou disfarçar o processo de envelhecimento.

Mirian Goldenberg, ao discutir o significado do envelhecimento em nossa cultura, afirma que no Brasil o corpo é um capital:

> Na cultura brasileira contemporânea, determinado modelo de corpo é uma riqueza (...) além de um capital físico, o corpo é um capital simbólico, um

> capital econômico e um capital social. O corpo-capital é um corpo sexy, jovem, magro e em boa forma, que caracteriza como superior aquele ou aquela que o possui. (2015, pg. 17)

Portanto, há uma associação do corpo e prestígio, que se intensifica para as mulheres em uma sociedade marcada pelo machismo estrutural. Dessa forma, o processo de envelhecimento tem um peso maior para o feminino e, por consequência, a manutenção do corpo jovem torna-se imperativa. Se o processo de envelhecer, em uma sociedade etarista, já é concebido como declínio e perda de atributos socialmente valorizados, para mulheres essa concepção se agudiza e sua invisibilidade social é maior do que as dos homens.

> Enquanto a vida passa, o etarismo acontece, trazendo situações inexplicavelmente mesquinhas para todos, mas especialmente para elas, mulheres, que vão se tornando invisíveis e assexuadas na velhice, sofrendo de tripla discriminação: de idade, gênero e aparência. (WINANDY, 2021, pg. 61)

Outro importante marcador identitário de intersecção com o etarismo é a orientação sexual. Há poucas pesquisas e produções acadêmicas acerca dessa intersecção, que, em certa medida, submete a população LGBTQIA+ a uma dupla invisibilidade social, tanto por ser "velho" como por não ser hetero cisgênero. Assim, ficam mais expostos às vulnerabilidades daí decorrentes.

> A discriminação no Brasil ainda é enorme e a falta de amparo a idosos LGBTQIA+, tem levado essas pessoas para velhices marginalizadas ou invisíveis. Essa população sofre o chamado "estresse de minoria", causado pela ansiedade e medo antecipado de sofrer preconceito, o que contribui para quadros depressivos e suicidas, que, de acordo com a Organização Mundial de Saúde são mais frequentes entre os idosos. O mesmo acontece com a violência, que também aumenta para essa faixa da população. (WINANDY, 2021, pg. 69)

Para os transexuais essas questões tornam-se mais problemáticas, pois poucos conseguem envelhecer em um país que ocupa o primeiro lugar no ranking mundial de assassinados de pessoas trans. No Brasil, a expectativa de vida para essa população é de 35 anos.[8]

Dessa forma, as vulnerabilidades pelas quais estão sujeitos ao longo da vida se acentuam quando estão idosos, enfrentando maior preconceito nos equipamentos de saúde e instituições de acolhimento. Muitas vezes, as pessoas idosas trans precisam abrir mão do reconhecimento de sua identidade de gênero para serem acolhidas.

A abordagem da interseccionalidade entre racismo e etarismo também se mostra primordial para o aprofundamento das reflexões. Tal abordagem, de certa forma, já

[8]Dados retirados da Associação Nacional de Travestis e Transexuais (Antra). Dossiê 2021, divulgado em janeiro de 2022. https://antrabrasil.files.wordpress.com/2022/01/dossieantra2022-web.pdf. Consultado em 28/07/2022.

foi suscitada no início da discussão do presente capítulo, na medida em que se aponta a desigualdade da expectativa de vida a partir do corte de classe e, por consequência, uma vida longeva resultante de maior acesso aos direitos humanos fundamentais.

Neste sentido, é de se deduzir, que em um país marcado pelo racismo estrutural, portanto que naturaliza o fato dos territórios com menos acesso aos direitos fundamentais serem ocupados pela população negra, as sujeitem, quando idosas, a uma maior vulnerabilidade e invisibilidade social. Este grupo, que é marcado pelo racismo e preconceitos relacionados a questões sociais e econômicas, somadas às dificuldades de acesso a serviços de saúde e empregos, tem uma velhice precoce e em piores condições. A desigualdade que marca a trajetória de vida da população negra traz como consequência um envelhecimento com maior risco de enfermidades, falta de assistência e exposição a outras formas de violência. Isto posto, é necessário um aprofundamento das pesquisas e análises sobre o racismo que atinge as pessoas idosas no país para o enfrentamento das desigualdades e preconceitos institucionalizados (WINANDY, 2021, pg. 69).

3.3 A Reprodução do Etarismo nas Instituições de Saúde: uma Discussão Necessária para os Futuros Profissionais da Área

Importante destacar que as instituições são atravessadas pelos preconceitos presentes no tecido social. Diversas pesquisas demonstram a reprodução dos estereótipos, estigmas, preconceitos e discriminação nas mais variadas instituições, sejam elas pertencentes ao âmbito da segurança pública, do mercado de trabalho ou da saúde.

Portanto, não seria diferente para o fenômeno do etarismo no contexto da saúde, haja vista suas instituições serem constituídas por profissionais que, muitas vezes, reproduzem as representações desiguais e naturalizadas presentes na sociedade e já discutidas neste capítulo. No entanto, tem-se poucas pesquisas especificas sobre o etarismo praticado pelos profissionais da área da saúde, o que pode dificultar uma compreensão acerca do fenômeno a fim de enfrentá-lo. Há, inclusive, uma ausência de estatísticas a respeito. Por seu turno, a pandemia do Covid-19 desvelou o quanto o preconceito contra a pessoa idosa é uma prática quase que naturalizada nesta área, suscitando debates e uma retomada mais sistemática dessa discussão.

Por serem uma parcela da população em situação de maior vulnerabilidade à covid-19, os idosos foram responsabilizados por seu adoecimento, o que muitas vezes, foi motivo para dificultar seu acesso à assistência. Algo que foi percebido, tanto nas narrativas de algumas autoridades e em piadas/memes que circulavam nas redes sociais, como na prática do atendimento nas emergências e acesso aos recursos necessários nos casos de maior gravidade.

Artigo publicado na revista Radis da Fiocruz, constituído por meio de entrevistas à alguns profissionais da área da saúde que discutem a temática, aponta:

> A professora Ruth Gelehrter da Costa Lopes, supervisora do atendimento psicoterapêutico a idosos da clínica-escola da Pontifícia Universidade Católica de São Paulo (PUC-SP), entende que havia um pacto de silêncio que foi quebrado quando surgiu a pandemia. "As verbalizações e os discursos políticos e médicos começaram a apontar esse olhar preconceituoso. Os protocolos de prioridade que foram lançados no início da pandemia são um escândalo", salienta. Ela afirma que viu muita indignação dos velhos em seu consultório. "Havia a certeza de que se um idoso precisasse de algum recurso seria claramente preterido por um jovem, porque não havia como investir em todos. Entendo que essa é uma cultura que se organiza para facilitar a eliminação dos velhos"[9]

O silenciamento sobre práticas, como as destacadas acima, em certa medida foi rompido na pandemia do Covid-19. No entanto, a literatura a respeito demonstrava, há tempos, o etarismo na saúde associado a essa conduta. Ou seja, a idade avançada funcionando como balizador para o oferecimento de tratamentos e terapias, ou até mesmo como critério de exclusão do acesso à assistência e, por consequência, exclusão das pessoas idosas também de ensaios clínicos.

---

[9] MOROSINI, Liseane. Vidas Idosas Importam. In *Radis FioCruz*. Disponível em https://radis.ensp.fiocruz.br/index.php/home/reportagem/vidas-idosas-importam

O médico geriatra Claudio Pinheiro, ressalta que essa lógica de considerar a idade como um critério de exclusão está baseada no estigma que a associa "velhice" com fragilidade. E o estigma opera de forma a enxergamos as pessoas somente a partir do estereótipo negativo e depreciativo, portanto, reduzindo a pessoa idosa a esta condição.

> Hoje sabemos que a fragilidade é muito mais determinada pela capacidade funcional e de saúde de qualquer pessoa, e não apenas por sua idade cronológica. Uma pessoa de 40 anos pode ter uma saúde muito ruim e um idoso de 90 anos pode ser extremamente funcional e saudável.[10]

O Relatório Global sobre Preconceito por Idade da Organização Mundial da Saúde (OMS), publicado em 2021[11], apontou que, em 2020, em 85% de 149 estudos analisados, a idade determinou quem recebeu certos procedimentos ou tratamentos médicos.

Isto posto, no cotidiano das instituições de saúde, uma das formas de manifestação do etarismo caracteriza-se pela omissão e, às vezes, a recusa explícita de cuidados necessários e adequados para as pessoas idosas. Portanto,

---

[10] Ibidem

[11] Versão oficial em português da obra original em Inglês *Global report on ageism* ISBN 978-92-4-001686-(electronic version) *Relatório mundial sobre o idadismo - Organização Pan-Americana da Saúde*, 2022 Disponível em https://iris.paho.org/handle/10665.2/55872. Consultado em 18/08/22.

configurando em negligência, especialmente àqueles com maior grau de fragilidade.

> A violência institucional não é menos brutal que a violência física e de igual modo constitui uma violação dos Direitos Humanos, pois deflagra sentimentos de culpa, solidão, dependência, inutilidade e aumenta a sensação de desamparo. A negligência, sua manifestação mais notória, infringe os direitos humanos básicos, como o da vida, da integridade pessoal, da dignidade e impede o idoso de gozar do mais alto padrão de saúde possível. (SOUZA, MEIRA e MENEZES, 2012, pg. 23)

Outra forma de manifestação do etarismo na saúde é a maneira como são tratados nos atendimentos e consultas em que o profissional já julga, a partir de seu preconceito, que a pessoa idosa é incapaz de entender as orientações e explicações sobre o que está ocorrendo e como serão os procedimentos. Isso acontece, especialmente, se a pessoa idosa está acompanhada de alguém mais jovem.

A forma infantilizada com que muitas pessoas idosas também são tratadas, como se fosse um tratamento "carinhoso" a elas dispensado, é outro fator de constrangimento.

E é tão inconveniente, quando colocá-la em uma condição de total falta de autonomia para decidir e saber sobre o que está acontecendo e o que farão com seu corpo, como nas práticas descritas no parágrafo anterior.

Esse formato do etarismo, por ser muito simbólico e operar de forma subliminar, envolto no discurso da proteção e do carinho, muitas vezes não é reconhecido como preconceito pela vítima, e nem pelo agente tão bem-intencionado. Na literatura que trata sobre o tema, essa forma de manifestação do etarismo é denominada de benevolente e "*assim como qualquer tipo de crença benevolente que pode ser aplicada a outras minorias, traz significados superficialmente positivos, mas mantém as pessoas em uma posição de inferioridade e é tão prejudicial quando o preconceito hostil*" (WINANDY, 2021, pg. 52.).

Diante do cenário apontado e da discussão proposta neste capítulo, para finalizar é importante refletirmos sobre os desafios colocados, à sociedade como todo, e para os profissionais e futuros profissionais da saúde em particular. Defende-se que o caminho mais eficaz seja o da educação, portanto, a promoção dessa discussão, e reflexões dela advindas, tanto na formação inicial dos futuros profissionais da saúde, como na formação continuada nos que estão em atuação. Uma educação que permita uma compreensão sobre a violência institucional, bem como uma visão menos estigmatizada e mais positiva acerca da "velhice".

Neste sentido, o compromisso educacional com a questão do etarismo deve também envolver as gerações mais jovens, como já previsto no Estatuto da Pessoa Idosa; Lei nº 10.741/2003 modificada pela Lei nº 14.423/2022. Há necessidade dos currículos, nos diversos níveis de ensino, conterem conteúdos relativos ao processo de envelhecimento. Conteúdos estes que contemplem a disseminação do conhecimento sobre o assunto e tenha o objetivo de estabelecer relações intergeracionais mais empáticas. Espera-se, dessa forma, uma possibilidade de longo prazo mais efetiva para que se possa ressignificar a visão prevalente sobre o envelhecimento.

O Relatório Global sobre Preconceito por Idade corrobora com a perspectiva educacional no enfrentamento do etarismo, mas acrescenta duas outras importantes frentes.

Uma delas diz respeito a implementação de políticas e leis que abordem a discriminação e apontem mecanismo para seu monitoramento, assim como de enfrentamento dessa problemática social. Em países como o Brasil, onde já existe uma legislação importante a respeito, faz-se necessário políticas públicas que assegurem sua viabilidade e efetivação.

A outra, refere-se à intervenção de contato intergeracional, apostando que práticas planejadas com essa finalidade podem reduzir os estereótipos acerca da pessoa idosa.[12]

O mesmo relatório acrescenta ainda, a recomendação de três ações relacionadas, a saber: investir em estratégias com base científica para prevenir e combater o etarismo; melhorar os dados e as pesquisas para compreender melhor o fenômeno e como reduzi-lo e construir um movimento para mudar o discurso em torno da idade e do envelhecimento.

Para concluir, destaca-se a última ação sugerida pelo Relatório Global, na medida em que ela convoca a todos e todas para o combate a esse preconceito: governo, mas também a sociedade civil organizada, agências da ONU, instituições acadêmicas e de pesquisa e empresas. Enfim, os mais varia-

---

[12] Versão oficial em português da obra original em Inglês Global report on ageism ISBN 978-92-4-001686-(electronic version). *Relatório mundial sobre o idadismo - Organização Pan-Americana da Saúde,* 2022. Disponível em < https://iris.paho.org/handle/10665.2/55872 >. Consultado em 18/08/22.

dos segmentos sociais adotando uma postura de discussão e planejamento de ações, adequadas a especificidade de seu segmento, para que juntos e juntas se possa construir uma relação de respeito e empatia com o envelhecimento do outro e, por consequência, com nosso próprio processo de envelhecimento. Assim, como enfatizado por esse mesmo relatório, "*juntos poderemos criar um mundo para todas as idades.*"

Referências

BRASIL. **Lei nº 10.741, de 1 de outubro de 2003.** Estatuto do Idoso. Brasília: Congresso Nacional, 2004.

BRASIL. **Lei nº 14.423, de 22 de julho de 2022**. Altera a Lei nº 10.741, de 1º de outubro de 2003, para substituir, em toda a Lei, as expressões "idoso" e "idosos" pelas expressões "pessoa idosa" e "pessoas idosas", respectivamente. Congresso Nacional, 2022.

BENEVIDES, Bruna. (Org.) **Dossiê assassinatos e violências contra travestis e transexuais brasileiras em 2021**. Brasília: ANTRA, 2022. Disponível em <https://antrabrasil.files.wordpress.com/2022/01/dossieantra2022-web.pdf >. Consultado em 28/07/2022.

FUNDAÇÃO OSWALDO CRUZ – Escola Politécnica Joaquim Venâncio. **Um país mais velho: o Brasil está preparado?** Disponível em < https://www.epsjv.fiocruz.br/noticias/reportagem/um-pais-mais-velho-o-brasil-esta-preparado >. Consultado em 28/07/2022.

FUNDAÇÃO OSWALDO CRUZ. Vidas Idosas Importam. *In:* **Revista Radis**, 2020. Disponível em < https://radis.ensp.fiocruz.br/index.php/home/reportagem/vidas-idosas-importam > Consultado em 11/08/2022.

GOLDENBERG, Mirian. **Coroas**. Rio de Janeiro: Best Bolso, 2015.

INSTITUTO BRASILEIRO DE GEOGRAFIA E ESTATÍSTICA – Agência de Notícias. **População cresce, mas número de pessoas com menos de 30 anos cai 5,4% de 2012 a 2021.** Disponível em < https://agenciadenoticias.ibge.gov.br/agencia-noticias/2012-agencia-de-noticias/noticias/34438-populacao-cresce-mas-numero-de-pessoas-com–menos-de-30-anos-cai-5-4-de-2012-a-2021 >. Consultadoem 26/07/2022.

MINAYO, Maria Cecília. Envelhecimento demográfico e o lugar do idoso no ciclo da vida brasileira. *In*: TRENCH, Belkis, ROSA, Teresa Etsuko (Org). **Nós e o Outro: envelhecimento, reflexões, práticas e pesquisa**. São Paulo: Instituto de Saúde, 2011, p.7–16.

MUCIDA, Ângela. A velhice no mal-estar da cultura. *In*: **O sujeito não envelhece: psicanálise e velhice**. 2 ed. Belo Horizonte: Autêntica, 2006.

ORGANIZAÇAO MUNDIAL DA SAÚDE. **Relatório global sobre envelhecimento.** Disponível em < https://apps.who.int/iris/handle/10665/340208 >. Consultado em 08/02/2023

RIBEIRO, Djamila. **Pequeno Manual Antirracista**. São Paulo, Ed. Companhia das Letras, 2019.

SOUZA, Andrea dos Santos; MEIRA, Edméia Campos e MENEZES, Maria do Rosário. Violência Contra Pessoas Idosas Promovida em Instituições de Saúde. *In:* **Dossiê – O Final da Vida no Século XXI**. Revista Mediações da Universidade Estadual de Londrina, v. 17 n. 2, p. 57–72, Jul./Dez. 2012.

TODARO, Mônica de A. **Vovô vai à escola: a velhice como tema transversal no ensino fundamental**. Campinas: Papirus, 2009.

WINANDY, Fran. **Etarismo: um novo nome para um velho preconceito**. Divinópolis, MG: Adelante, 2021

CAPÍTULO 4

Questões de gênero

Rodrigo Leite da Silva

Introdução

Nas Ciências Sociais, o ser humano passa a ser identificado a partir do modo como foi construído, pelas posições que ocupa, num quadro de relações sociais estabelecidas pela cultura e história. Desse modo, compreende-se que as determinações biológicas não conseguem explicar as complexidades resultantes das interações humanas nas suas respectivas construções identitárias.

Ao longo de séculos, nas sociedades ocidentais os seres humanos, desde o seu nascimento, são divididos em duas categorias: homens e mulheres. Ambos são responsabilizados por estatutos sociais, culturais, econômicos e jurídicos assimétricos, ou seja, desiguais e complementares. Tais responsabilidades podem ser compreendidas como fenômenos empíricos, pois homens e mulheres são resultantes de um sistema de classificações que asseguram o próprio sistema de reprodução das sociedades. Geralmente, essas classificações sociais são explicadas a partir de resultados que implicam no ordenamento social.

A categoria gênero surge com o propósito de analisar essa dimensão da vivência humana, logo após diversificadas pressões dos movimentos feministas e de mulheres em sociedades distintas. Houve muitas abordagens e muitas compreensões relacionados a ela. Louis (2006) apresenta incalculáveis significados que contemporaneamente lhe são atribuídos, embora seus diferentes usos se subordinem a campos teóricos e políticos específicos.

Nesse sentido, as questões de gênero adotadas nessa publicação se desdobram nas relações interpessoais e suscita críticas em relação ao equívoco de equiparar mulher e gênero. Assim, a concepção adotada de gênero é voltada para:

> um conceito desenvolvido para contestar a naturalização da diferença sexual em múltiplas arenas de luta. A teoria e a prática feminista em torno de gênero buscam explicar e transformar sistemas históricos de diferença sexual nos quais 'homens' e 'mulheres' são socialmente constituídos e posicionados em relações de hierarquia e antagonismo (HARAWAY, 2004, p. 211).

Ao observar o cenário demarcado por múltiplas arenas de luta, a partir das questões de gênero, trazemos à reflexão as questões de raça e classe pautadas em Carneiro (2011), ao afirmar que as construções sociais e culturais para a raça são determinantes na configuração da estrutura brasileira de classes.

Nota-se, portanto, que a utilização do termo gênero é feita rotineiramente de maneira inadequada, sendo considerada sinônimo à designação de sexo biológico. Faz-se necessário destacar que o termo está relacionado aos aspectos sociais atribuídos ao sexo, ou seja, vincula-se às construções sociais e não à caracteres naturais.

O conceito de gênero pode ser identificado como uma categoria de análise em que se agrupam um conjunto de fenômenos sociais, históricos, políticos, econômicos e psicológicos que nos permitem identificar as estratégias de poder utilizadas para naturalizar as relações sociais, com o objetivo de mascarar as relações de poder. Consiste em questionar os fenômenos que são compreendidos como naturais, por exemplo: relações assimétricas (desiguais), sexualização de comportamentos, construções identitárias entre outros.

Compreendemos, em princípio, que tratar das questões de gênero implica em observar atentamente as relações culturais e de poder focalizadas na assimetria relacional existente entre homens e mulheres. Assim como as relações sociais que compõe os acontecimentos sociais e revelam todas as formas de subordinação, as disposições hierárquicas, as situações de dominação e sujeição quando se encontram estruturadas nas diferenças sexuais, étnico-raciais, de classe social, regionais entre outras.

A partir desse cenário evidencia-se que as questões de gênero atravessam os campos definidos pelas estruturas sociais, identidades e subjetividades individuais. Nesse âmbito, estudar gênero é o exercício de questionar a naturalização das diferenças sexuais e desigualdades nos campos da raça e classe social, ao compreendermos o sujeito a partir da sua imersão nas suas relações socais, assim como as determinações existentes entre sujeito e estrutura social.

4.1 Linha Histórica sobre as Discussões em torno das Questões de Gênero no Brasil

No Brasil do início do século XX, os imigrantes europeus, principalmente os italianos, portugueses e espanhóis trouxeram ideias libertárias oriundas no anarquismo. O respectivo ideário foi uma das grandes contribuições para ampliar o debate sobre o processo de exploração do trabalho realizado pelos capitalistas diante da classe operária.

Esse cenário propiciou a formação da terceira vertente do feminismo, inicialmente retratado no movimento anarquista e, consequentemente no Partido Comunista. Esse movimento é constituído por intelectuais engajadas que lutavam radicalmente pelas liberdades das mulheres, "*tendo na maioria das vezes a questão da exploração do trabalho como central, articulando as teses feministas aos ideários anarquistas e comunistas*" (PINTO, 2003, p. 34).

As preocupações postuladas naquele momento retratavam claramente a questão de gênero como uma característica que demarcava as desigualdades entre os sexos nas relações de trabalho. Dessa maneira, as mulheres (operárias e intelectuais) se organizavam em movimentos sociais para debaterem direitos trabalhistas e sociais. As condições de trabalho eram desumanamente péssimas, pois a jornada de trabalho chegava a totalizar 16h/dia, enquanto para os homens já havia a redução para 8h/dia. Os responsáveis pela supervisão do trabalho se utilizavam das mais variadas formas de violência, como a emocional, física e sexual, contra as mulheres e as crianças.

Ao longo do Governo Vargas, houve conquistas importantes para as mulheres. O direito ao voto feminino foi assegurado a partir da promulgação da Constituição de 1934, contudo já estava incluído no Decreto nº 21.076, de 24 de fevereiro de 1932, a instituição do Código Eleitoral Brasileiro. É importante ressaltar que a partir das disposições transitórias previstas no art. 121, os homens com mais de 60 anos e as mulheres em qualquer idade poderiam optar em ficar isentos de qualquer obrigação ou serviço de natureza eleitoral, não existindo a obrigatoriedade do voto feminino.

Especificamente, no âmbito do trabalho feminino, os movimentos constituídos pelos trabalhadores e trabalhadoras determinaram algumas medidas a serem adotadas pelo poder legislativo, como: a normatização do trabalho feminino, trazendo soluções para problemas oriundos do trabalho noturno realizado pelas mulheres. Proibiu-se que as mulheres executassem atividades consideradas insalubres, no contato direto com vapores nocivos, vapores ou poeiras químicas, assim como a manipulação de produtos voláteis.

Mulheres grávidas estando quatro semanas antes e quatro semanas após o parto eram proibidas de trabalhar, mediante a apresentação e atestado médico, descrevendo as complicações de saúde. As quatro semanas poderiam ser ampliadas para seis semanas. Havia permissões para a ruptura do contrato de trabalho, sem qualquer obrigação, desde que a mulher estivesse grávida.

Diante de situações como aborto espontâneo, tinham o direito de duas semanas de afastamento. Estavam previstos, também, dois intervalos de descanso diários, em se tratando de casos de amamentação nos seis primeiros anos de vida do bebê e creches nos espaços de trabalho, desde que houvesse mais de trinta mulheres e a igualdade de homens e mulheres.

Nos anos 1960 e 1970, na Europa e nos Estados Unidos a efervescência cultural e política colaborou para a construção de um ambiente favorável para o nascimento de movimento sociais. Foram muitos eventos significativos que marcaram esse período e trouxeram uma nova disposição para os movimentos feministas e de mulheres em geral.

Os movimentos *beatnik*[13] e *hippie* nos EUA e o maio de 1968 na França são as manifestações mais expressivas do nascimento de uma nova geração que levantou a luta

[13] A insatisfação da juventude da época (anos de 1950 e 60) diante da retomada dos ideais conservadores, foi buscar respostas e inspiração em Nietzsche, Dostoiévski, em poetas franceses como Baudelaire e Rimbaud, no som do jazz *bebop* e em escritores como Henry Miller. Em meio a essa rebeldia, nasciam os três expoentes de maior destaque do movimento Beatnik: Jack Kerouac, Allen Ginsberg e William Burroughs. Entre as obras principais produzidas por eles, estão: "On the road", de Jack Kerouac; "Howl", de Allen Ginsberg, e "Naked Lunch", de William B.

contra a defesa das ideias tradicionais do capitalismo e do socialismo. Esses movimentos revolucionários questionavam os valores conservadores da organização social, talvez com objetivos de provocar (no sentido de contestar) a hierarquia e as relações de poder vigentes (PINTO, 2003).

Ainda que no Brasil estivéssemos inseridos num regime ditatorial, ao final dos anos de 1960 e início dos anos 70 surgem vários movimentos feministas e de mulheres. As mulheres integrantes dos respectivos movimentos pertenciam às classes médias e populares brasileiras. Sua mobilização contribuiu para evidenciar que a condição de sexo é um aspecto estruturante nos processos de percepção, ação e explicação da realidade social, assim como de construção da identidade social e das discriminações inter- e intragrupos. Conforme Pinto (2003), o final dos anos 70 é marcado pela participação expressiva do movimento feminista na luta pela anistia.

Em 1979, a Organização das Nações Unidas (ONU) aprovou a Convenção sobre a Eliminação de todas as formas de Discriminação contra a mulher, indicando aos países membros o cumprimento da igualdade jurídica em todas as esferas da vida púbica e privada. Tem-se em seu art. 1º:

> "Discriminação contra a mulher" significará toda distinção, exclusão ou restrição baseada no sexo e que tenha por objeto ou resultado prejudicar ou anular o reconhecimento, gozo ou exercício pela mulher, independentemente de seu estado civil, com base na igualdade do homem e da mulher,

> dos direitos humanos e liberdades fundamentais nos campos político, econômico, social, cultural e civil ou em qualquer outro campo. (Artigo 1° da Convenção para a eliminação de todas as formas de Discriminação contra a Mulher, adotada pela Assembleia Geral da ONU em 1979).

Contudo, para o Brasil houve reservas, em virtude do momento político vigente à época (ditadura civil-militar).

Nos anos de 1980, especificamente no processo de redemocratização, os movimentos feministas brasileiros começam a se engajar em espaços políticos legitimados pela via eleitoral, assim como atuaram de forma mais participativa na luta pelos direitos igualitários, no âmbito do gênero. Vale ressaltar que nesse período temos a formação do Conselho Nacional de do Direito da Mulher (CNDM), concebido pelo Governo Federal e a expressiva pressão feita diante da assembleia constituinte, gerando avanços significativos.

É nesse momento que os movimentos feministas brasileiros articulam outros movimentos sociais, incluindo em sua pauta questões como a homossexualidade e a luta pela igualdade racial. Diversificados grupos se percebiam mais próximos às bandeiras feministas e traziam em suas pautas "*os direitos reprodutivos, o combate à violência contra a mulher, a sexualidade*" (COSTA, 2005, p. 3).

Constata-se que diante do cenário vigente, os movimentos sociais estavam fortalecidos no processo de redemocratização do país. Isto favorece o repensar do posicionamento do movimento feminista em relação ao Estado, pois o eleitorado feminino ampliava os interesses dos partidos.

Dessa maneira, as pautas trazidas pelo movimento feminista, no escopo das políticas públicas colaboraram para ampliar o debate sobre a autonomia feminina, em duas tendências:

> Uma tendência mais voltada para a atuação pública das mulheres, investia em sua organização política, concentrando-se principalmente nas questões relativas ao trabalho, ao direito, à saúde e à redistribuição de poder entre os sexos e a outra mais preocupada com o terreno fluido da subjetividade, com as relações interpessoais, tendo no mundo privado seu campo privilegiado (SARTI, 2004, p. 41).

Em 1988, temos a promulgação da Constituição Cidadã que posiciona homens e mulheres em situação de igualdade, pois "*este instrumento expressa a conquista fundamental da igualdade de direitos e de deveres entre homens e mulheres (art.5º, I), até então, inexistente no ordenamento jurídico brasileiro*" (CFEMEA, 2006, p.12).

Nos anos de 1990, houve a implantação das políticas neoliberais iniciadas pelo governo Collor de Melo (no ano de 1991) e resgatadas em 1994, na eleição de Fernando Henrique Cardoso, período em que se aprofundavam as mudanças de ação no Estado. O respectivo contexto exigiu ampliação de ações do movimento feminista, diante do Estado, para a concretização de políticas públicas que assegurassem os direitos das mulheres.

> iniciou-se um processo de reorganização do capital e de seu sistema ideológico e político de dominação, cujos contornos mais evidentes foram o advento do neoliberalismo, com a privatização do Estado, a desregulamentação dos direitos do trabalho e a desmontagem do setor produtivo estatal, da qual a era Thatcher-Reagan foi expressão mais forte: a isso se segue também um intenso processo de reestruturação da produção e do trabalho, com vistas a dotar o capital do instrumental necessário para tentar repor os patamares da expansão anteriores (ANTUNES, 1999, p. 31).

Nessa década há a criação de Organizações Não-Governamentais (ONG) e as ações relacionadas ao campo de gênero passam a integrar a agenda de trabalho das ONGs, contudo devido as limitações dessas organizações, determinadas pelos organismos financiadores e pelo próprio Estado, é possível constatar a perda de autonomia dos movimentos sociais.

A partir dos anos 2000, há progressos expressivos na luta das mulheres e do movimento feminista como: a criação da Secretaria Especial de Políticas para as Mulheres em 2004 pelo governo de Luís Inácio Lula da Silva. Assim como a realização da I Conferência Nacional de Política para as Mulheres (CNPM) em torno da temática: *"autonomia, igualdade no mundo do trabalho e cidadania; educação inclusiva e não sexista; saúde das mulheres, direitos sexuais e direitos reprodutivos; e enfrentamento à violência contra as mulheres"* (PNPM, 2005, *online*).

Especificamente, em agosto de 2006 há a promulgação da Lei Maria da Penha nº 11.340/2006 (BRASIL, 2006), com o objetivo de coibir a violência contra a mulher (BRASIL, 2006). No ano de 2007, houve a II Conferência Nacional de Políticas para as Mulheres e, por conseguinte foi organizado o II Plano Nacional de Políticas para as Mulheres (II PNMN, 2008).

No ano de 2015, foi aprovada a Lei nº 13.104/2015 (Lei do Feminicídio) compreendendo que práticas oriundas do feminicídio se constituem como crime de homicídio qualificado.

Em 2018, há a promulgação da Lei nº 13.718/2018, que trata da importunação sexual feminina, com o objetivo de coibir situações vexatórias de assédio sexual e violência no uso de transportes públicos, aplicativos de carros particulares ou em situações cotidianas como uma ida ao mercado, respeitando seu direito constitucional de ir e vir.

Enfim, o cenário acima demonstra a evolução, no percurso legal, de ações concretas com o objetivo de coibir atos de natureza depreciativa, humilhante ou violenta no tratamento cotidiano da identidade feminina no Brasil, sendo considerado ganhos que podem contribuir para a sensibilização de todos na equalização de espaços sociais ocupados por diferentes gêneros.

4.2 Enquadramentos no Âmbito do Gênero, Raça e Classe Social

O tratamento das questões de gênero, numa perspectiva crítica, evidencia que no período escravagista, marcado pela exploração da força de trabalho entre os sexos, as mulheres negras escravas sofriam outros processos de subalternização dos seus corpos. Estes derivavam do trabalho doméstico e da exploração sexual feita pelos senhores e pelos feitores de escravos.

A partir dessas circunstâncias, identifica-se o processo de desumanização da mulher negra, em decorrência da naturalização de práticas como o estupro, indicativo de controle e domínio da sexualidade da mulher negra e utilizado como uma das estratégias de reprodução da mão de obra escrava.

> No que dizia respeito ao trabalho, a força e a produtividade sob a ameaça do açoite eram mais relevantes do que questões relativas ao sexo. Nesse sentido, a opressão das mulheres era idêntica à dos homens (...) A postura dos senhores em relação às escravas era regida pela conveniência: quando era lucrativo explorá-las como se fossem homens, eram vistas como desprovidas de gênero; mas, quando podiam ser exploradas, punidas e reprimidas de modos cabíveis apenas às mulheres, elas eram reduzidas exclusivamente à sua condição de fêmeas (DAVIS, 2016, p. 190).

Logo, vale destacar que, desde esse período, a associação de classe, raça e gênero nos processos históricos que constituem a construção ou formação social e suas consequências, contribuem para estabelecer a análises seminais para a interpretação do agir humano em sociedades capitalistas ocidentais.

Nesse âmbito, é possível entender os elementos que compreendem a sociedade industrial ocidental, a partir de conflitos originários em lutas antiescravagistas e sufragistas quando são utilizados estrategicamente para beneficiar a expansão do capitalismo e a exploração do trabalho das populações trabalhadoras negra e branca.

Há contatações de perversidades operadas pelo sexismo diante de mulheres negras tanto pelo movimento abolicionista quanto pelo movimento sufragista. Em tese, a emancipação do negro traria como consequência a mínima noção de equidade social para as mulheres, no entanto seus diretos não foram assistidos, pois mulheres negras não poderiam votar, por exemplo. Esse direito foi concedido apenas ao homem.

A associação entre classe, raça e gênero se faz inexorável, pois a vida das mulheres negras não apresenta alteração no campo da subalternização do corpo, mesmo após a abolição da escravatura. Os dados apresentados por Davis (2016), nos autorizam a constatar que a população negra livre não foi incluída ao sistema de proteção social, assim como às condições de trabalho digna, moradia, acesso à terra, bem como outras necessidades fundamentais para a sobrevivência mínima e ao progresso de uma sociedade considerada livre.

Os dados censitários daquele período (recém-abolicionista) explicitaram a continuidade do sistema escravagista, por meio da manutenção de elementos que a autora denominou como "selo da escravidão" na vida da população negra. Visto com maior tônica na vida de mulheres negras.

Destacam-se, ainda, dois atributos para a análise do racismo e do sexismo impressionantes:

a. O fato do capitalismo industrial ressignificar formas análogas ao trabalho escravo, base da exploração e opressão da população negra, principalmente no tange ao processo de encarceramento em massa da respectiva população para ampliar as estratégias de exploração da força de trabalho.
b. A manutenção de dispositivos ideológicos que sustentam os discursos e, por conseguinte as práticas racistas, conferindo à população negra comportamentos marginais e animalescos (o estuprador, a promiscuidade etc.).

Davis (2016), em seu método de análise da realidade, contribui teoricamente no escopo do feminismo negro, ultrapassando os limites geopolíticos estadunidenses, pois inspira o movimento feminista negro brasileiro, apontamentos e táticas estratégicas para propor transformações sociais.

Nesse sentido, compreende-se a vida negra marcada por processos de enquadramento que determinaram suas existências, sendo resignadas e subjugadas aos porões da sociedade. O termo enquadramento é utilizado por Butler (2015) e seus termos, as categorias e as convenções que integrarão as regras gerais, funcionam como dispositivos que enquadram e modelam um sujeito, por meio da associação definida pelo poder. Logo, resta às mulheres negras a pecha de todos os mecanismos de subalternização dos seus corpos.

A autora afirma que os enquadramentos são operados pelo poder, pois "*não decidem unilateralmente as condições de aparição dos sujeitos e acontecimentos, mas seu objetivo é delimitar a esfera da aparição enquanto tal*" (BUTLER, 2015, p. 14).

As operações que engendram o reconhecimento de "certos sujeitos", no campo da valorização dos seus respectivos corpos, levam em consideração a destituição de respeito e, por conseguinte, os direitos de outros corpos. Fassin (2010), disserta sobre circunstâncias relativas à precarização, reforçadas por uma série de normas e sentidos que controlam os corpos e a vida contemporânea.

Tais formas, ou representações, tratam do governo biopolítico dos corpos coletivos, pois conforme o autor, há a elaboração de enunciados, narrativas e argumentos envolventes que tem a intenção de explicitar traços distintivos entre os diversificados modos de vida. Alguns considerados dignos, pois atendem às escolhas normativas e os outros compreendidos como desprezíveis ou menosprezáveis.

Nesse sentido, a produção de direitos e de reconhecimento e acesso a serviços e atendimento por parte do Estado coadunam com a maneira com que o Estado dispõe de atendimento aos "sujeitos precários" (Butler, 2004). Exigem desses sujeitos a produção enunciativa no campo da total dependência e plena rendição aos aparelhos de controle e de correção:

> O que a política faz com a vida e com as vidas não é só uma questão de discursos e tecnologias, estra-

> tégias e práticas. É também uma questão do modo concreto como indivíduos e grupos são tratados, sob quais princípios e em nome de que moral, implicando desigualdades e falta de reconhecimento (FASSIN, 2009, p.57).

Fassin (2009), aponta que as políticas públicas sociais executam um papel fundamental no gerenciamento biopolítico dos corpos e dos modos de ser, desse modo atribuem características a práticas de governabilidade correspondentes à arte de governar e não prática do governo.

Ao considerarmos as perspectivas de Fassin e Butler, constatamos que uma das formas de controle coletivo dos corpos mais eficazes são derivadas dos processos de autonomização do sujeito, por meio do enquadramento biopolítico dos corpos. Ao observarmos essas práticas diante de corpos femininos, principalmente diante de mulheres negras, identificamos o processo de constante vigília e cerceamento em variados contextos de trabalho e de sua existência.

Desse modo, o enquadramento biopolítico seria uma forma escolhida por governos neoliberais que formatam as cenas ideais que terão a visibilidade, conforme seus esquadros ideológicos, nos quais preparam sujeitos e grupos considerados exemplares, a partir da seleção impositiva de identidades, terão suas execuções marcadas pela moralidade e julgadas a partir desse critério.

Para Rago (2017, p. 368), o desenvolvimento da governabilidade neoliberal define constantemente as mulheres sob as lentes do empreendedorismo, construindo-as como sujeitos neoliberais femininos criativos, "*capazes de livre escolha, baseada em um cálculo econômico racional, pois, assim como os homens, têm sido chamadas a subjetivarem-se em modos neoliberais, constituindo-se como autônomas, emancipadas e senhoras de si*".

A partir desse olhar, o processo emancipatório é compreendido por meio do sucesso socioeconômico individual e meritoso, em que não se explicita as contingências que perpassam a gama de experiências e as limitantes escolhas disponibilizadas às mulheres negras, em sua maioria empobrecidas. Dessa maneira, ao imputar-lhes tal reconhecimento ideológico, representando as mulheres negras como criativas e empoderadas pelo empreendedorismo, visualizamos a configuração de um projeto de vida que atende às necessidades da governabilidade neoliberal e não às necessidades das mulheres negras.

Considerações finais

Compreendemos, portanto, que as complexidades que emergem das questões de gênero perpassam os espaços determinados pelas estruturas sociais, identidades e subjetividades individuais. Ao estudarmos gênero, estudamos numa linha histórica a compreensão política definida pelo poder, ora num campo de exploração análogo ao trabalho escravo, ora numa outra possibilidade exploração econômica.

A nova possibilidade de exploração econômica se organiza a partir da pseudo-impressão de independência e valorização da criatividade, levando as mulheres a um processo designativo de empoderamento autônomo dado pelo empreendedorismo que não será compatível às suas necessidades, mas as necessidades do neoliberalismo econômico, enquanto *modus operandi* de governo.

Entretanto, vale esclarecer que a autonomia não se delimita apenas à autossuficiência individual, pois tais estratégias discursivas funcionam no campo do apagamento das particularidades das relações sociais, diante das trajetórias que cerceiam as escolhas dos sujeitos envolvidos nessa sedutora teia. Portanto, faz-se necessário compreender a autonomia no âmbito dos seus aspectos culturais e de socialização.

Referências

BUTLER, Judith. **Quadros de guerra: quando a vida é passível de luto?** Rio de Janeiro: Civilização Brasileira, 2015.

CARNEIRO S. **Racismo, sexismo e desigualdade no Brasil**. São Paulo: Selo Negro; 2011.

CENTRO FEMINISTA DE ESTUDOS E ASSESSORIA (Cfemea). **Os direitos das mulheres na legislação pós-constituinte**. Almira Rodrigues (Org.), Iáris Cortês (Org.) – Brasília: Letras Livres, 2006.

DAVIS, Ângela. **Mulheres, Raça e Classe**. São Paulo: Boitempo, 2016.

FASSIN, Didier. **La raison humanitaire: une historie morale du temps présent**. Paris: Seuil/Gallimard. 2010.

HARAWAY D. **"Gênero" para um dicionário marxista: a política sexual de uma palavra**. Cadernos Pagu. 2004.

PINTO, Celi R. J. **Uma História do Feminismo no Brasil**. São Paulo: Editora Fundação Perseu Gomes, 2003.

RAGO, Margareth. **A aventura de contar-se: feminismos, escrita de si e invenções da subjetividade**. Campinas: Editora Unicamp, 2013.

CAPÍTULO 5

As sutilezas do racismo brasileiro

Rodrigo Leite da Silva

Introdução

A herança de uma estrutura social escravocrata mantida no Brasil colônia corrobora para visualizarmos, atualmente, a situação de vulnerabilidade social que se encontra a população negra. Os negros brasileiros integram a camada social mais pobre, com o menor nível de escolaridade e colaboram para o crescimento (como vítimas) das estatísticas que descrevem a violência policial. Encontram-se quantitativamente em maior concentração na população carcerária, assim como representam o 3º maior número de suicídios (SOUZA, 2017).

Lamentavelmente, nos deparamos com tais dados e compreendemos que eles refletem um conjunto de práticas institucionais e interpessoais que depreciam a população negra, com o propósito de manter as disparidades sociais vigentes na sociedade brasileira.

No Brasil, cor, raça e preconceito integram as concepções necessárias ao enfrentamento das questões raciais, gerando vários desdobramentos. Um desdobramento que deve ser destacado se refere ao fato do nosso país ter sido construído pela maior população negra fora do continente africano. Mesmo que seja expressivo o trabalho da população negra diante da construção do país, a cultura afro-brasileira não apresenta visibilidade positiva assim como a condição de negro.

Constantemente, o lugar do negro estampa problemas sociais de natureza relacionada a sua condição na sociedade brasileira, pois reverbera os problemas estruturais do país e nos levam a iniciar a compreensão do racismo brasileiro, para além do campo do preconceito ou do seu passado escravagista.

O racismo brasileiro modela as relações raciais e constrói um sistema que determina a divisão de riquezas socialmente produzidas no mundo, seja pela classe social de pertencimento dos sujeitos seja pela racialização (depreciativa) dessas mesmas classes sociais.

As aproximações feitas para explicar o racismo no Brasil vão ao encontro de uma concepção assimilacionista. Esta concepção é considerada um dos modelos mais desumanos, em função de corroborar para a da construção de uma noção de "etiqueta" racial, que propõe o apagamento das discussões acerca da situação racial brasileira.

> Se assumirmos que as interações sociais são processos constitutivos das identidades pessoais, situações como a da família que silencia acerca de suas características etnoraciais podem favorecer a introjeção de valores negativos de uma forma tácita, não só por parte da pessoa que se coloca no "outro grupo" mas, o que é mais dramático, pelo próprio afrodescendente em relação a si mesmo. Identidades assim constituídas conservam a incapacidade de desenvolver atitudes afirmativas quanto às especificidades raciais (FERREIRA, 2002, p. 72).

A definição de "etiqueta" racial adotada nessa publicação, se remete às concepções tratadas por Nascimento (2016), nas quais definem como uma construção social a partir da internalização da resignação, assim como a exigência de uma conduta moralmente rija e obediente, como forma de garantias da socialização do negro. Tal processo de etiqueta deve refletir a imagem e semelhança dos cidadãos brancos designados como cidadãos de bem. "*Existe uma* ***etiqueta*** *envolvendo as relações de raça no Brasil, a qual permeia a sociedade que faz dela uma prática consuetudinária.*"(NASCIMENTO, 2016, p. 53)

Em verdade, espera-se dos negros uma internalização de resignação, conduta retilínea e obediência, que pressupõe uma integração e sociabilidade inexistente, tendo por inspiração, imagem e espelhamento oriunda dos denominados cidadãos de bem brancos.

Assim, as relações raciais contemporâneas herdam os sentidos mais universais das práticas de racismo, nas quais o negro é visto como representante de um coletivo estigmatizado por atributos depreciativos. As generalizações acerca da identidade do grupo negro são comparadas ao simbólico normativo (vigente) branco. O referido simbólico, da branquitude, não permite modificações na designação identitária das pessoas negras, corroborando para a perpetuação de práticas e mitos racistas, como também preconceituosos. Logo, reforça-se a evidência demarcada pela etiqueta racial imputada ao negro.

5.1 Perspectivas Históricas para a Compreensão do Racismo Brasileiro

Entre os anos de 1501 e 1870, mais de 12,5 milhões de africanos foram raptados, transportados e comercializados como escravos para o continente americano. Desse contingente, ¼ foi enviado para o Brasil. Desse modo, a população negra brasileira contou, até a segunda metade do século XIX, com aproximadamente 4,8 milhões de pessoas.

Contudo, vale destacar que durante o período de tráfico negreiro para o continente americano, cerca de aproximadamente 1,8 milhões de pessoas, não conseguiram completar a viagem (África–América). Morriam durante o trajeto das mais variadas doenças como: escorbuto, varíola, sarampo, sífilis, disenteria ou mesmo pelo tratamento brutal dado pelos traficantes.

Frequentemente, muitos mortos ficavam dias junto aos vivos, até que fossem arremessados ao mar. Os dados oficiais revelam que o desembarque dos africanos escravizados, no Brasil, data o ano de 1530, período de referência que marca o aumento da produção de cana-de- açúcar.

O apogeu do tráfico negreiro, no Brasil, ocorreu entre os anos de 1800 e 1850. A maioria dos africanos escravizados que aportavam aqui eram de: Angola, Congo, Moçambique e Golfo do Benim.

As condições a que os escravos foram submetidos eram precárias. Não existiam os mínimos cuidados sanitários, diante das lamentáveis condições de higiene em que se encontravam. A alimentação era inapropriada, as jornadas de trabalho exaustivas, seguidas de perversos castigos físicos. Nesse âmbito, a expectativa de vida das pessoas escravizadas alcançava em média de 25 anos.

Embora, o descaso e tratamento exploratório fossem absolutos, o africano escravizado estava situado no centro do processo produtivo. As relações econômicas internas (dentro do Brasil) e externas (no âmbito internacional) se sustentavam pela força de trabalho escrava, tanto para se desenvolver quanto para gerar os ativos econômicos necessários ao ciclo produtivo vigente à época.

Os negros eram pesados e medidos como "peças África", ou seja, a "*[...] própria forma como se comercializavam os negros africanos era reflexo da sua desumanização: não se vendia um negro, dois negros, cinquenta negros — vendiam-se peças*"(CHIAVENATO, 2012:102)

Pinsky (2000) afirma que por mais de três séculos o escravo foi compreendido como mercadoria, pois fazia parte do espólio patrimonial das famílias que constituíam o sistema econômico agrário escravocrata. Era considerado moeda de troca e, concomitantemente, força motriz do sistema econômico.

O processo de objetificação do africano escravizado ocorria de modo que fosse considerado uma verdadeira máquina de trabalho como também um produto mercantil que aglutinava em si valorosos ativos econômicos.

Descaracterizavam qualquer circunstância que os aproximassem da condição humana, sendo tratado ausente de preocupação em relação às suas condições de saúde e sobrevivência.

Nesse âmbito, sua função restringia-se única e tão somente a servir de mão de obra aos seus senhores. Suas obrigações eram executar todas as ordens desferidas pelos seus senhores e, caso houvesse sinais de desobediência, eram cruel e perversamente castigados.

Para Chiavenatto (1980), o sistema escravocrata vigente nas Américas inovou na produção das barbáries que levam a veloz degradação humana.

Com a assinatura da Lei Áurea em 1888 a escravidão foi abolida. A referida lei foi assinada pela Princesa Isabel (filha do imperador Dom Pedro II) e sua motivação ia ao encontro das manifestações de escravos e lutas abolicionistas.

Por conseguinte, constata-se que não houve nenhum projeto, assim como nenhuma política pública que se preocupasse com a inclusão dos ex-escravos à sociedade, sendo deixados à própria sorte ou melhor a própria má sorte (CARVALHO, 2001).

Vale destacar ainda, conforme Santos (2009), que o Brasil foi o último país a promover a abolição da escravatura, depois de Cuba (1866), Estados Unidos da América (1865), Colômbia e Venezuela (1821) e Haiti (1804).

Para o historiador Luiz Felipe Alencastro, o processo que consistia na abolição da escravatura não estava somente voltado a garantia de liberdade dos escravizados. Havia, em seu invólucro, a proposição de uma reforma agrária. André Rebouças, abolicionista e engenheiro negro, cogitava a criação de um imposto diante de fazendas improdutivas, como também que tais terras fossem partilhadas entre os ex-escravos.

No entanto, foi realizado um acordo entre latifundiários e o movimento republicano que consistia na preservação da propriedade rural e como moeda de troca houve a concessão da libertação da escravatura, sem compensações de qualquer natureza. Não estava previsto nenhuma alternativa a inclusão dos negros no mercado de trabalho dos homens livres.

O resultado desse acordo permitiu que latifundiários trouxessem imigrantes europeus para trabalhar em suas terras. Os ex-escravos, cidadãos livres constitucionalmente, ainda que sendo brasileiros, permaneceriam sem trabalho na zona rural e, em parte, na cidade. Desse modo, não podiam usufruir de sua cidadania plena. Em sua maioria permaneciam analfabetos e sem direito ao voto.

Constata-se assim que, por intermédio da abolição da escravatura e do advento do trabalho livre sucederam-se, muitas transformações sociais, nas quais as relações de trabalho se modificaram e o escravo, ao se tornar livre, torna-se, também, negro. Este livre e assalariado, teoricamente, integra o mundo do trabalho na posição de trabalhador livre, em que vende sua força de trabalho, conforme as regras da nova ordem competitiva que se estabeleciam. Contudo, tais dados situam-se, apenas, na História Oficial.

Esse enorme contingente populacional se encontrava sem perspectivas de trabalho, educação e de inclusão social, tendo em vista que a mão de obra brasileira (ex-escrava) foi substituída pela mão de obra europeia.

Para completar o lamentável cenário, entre a segunda metade do século XIX até a década de 1930, a sociedade brasileira foi vigorosamente influenciada por teorias racistas vindas da Europa. Tais "teorias" se constituíam a partir de discussões sobre a origem da humanidade. Postulavam que as diferenças étnicas deveriam ser consideradas marcadores da superioridade ou da inferioridade de específicos grupos humanos em detrimento de outros.

Nesse sentido, inúmeros cientistas encontravam espaço para a construção de argumentos que lhes serviam de justificativas para afirmar a inferioridade da população que não fosse originária na Europa.

Portanto, a breve linha histórica tem o propósito de demonstrar como os sentidos empregados à manutenção do racismo foram construídos e vem se perpetuando ao longo do tempo, contribuindo para a manutenção das sutilezas presentes no racismo brasileiro.

5.2 A estigmatização da população negra a partir do racismo científico

O racismo científico surge no século XIX e seus desdobramentos nos campos político, econômico e social são consequência das teorias raciais que nasceram nesse período para conferir *status* científico às desigualdades existentes entre os seres humanos. A partir do conceito de raça continuaram os processos classificatórios, no âmbito da hierarquização das relações do branco diante da população negra.

> o primeiro registro conhecido da palavra raça para designar a divisão dos seres humanos em espécies foi feita por François Bernier [...]. Utilizando-se não apenas da cor da pele, mas de outros traços fisionômicos [...]. A raça que Bernier diz ter encontrado em todas as outras partes da África [...] é chamada de "negra", ainda que a cor da pele seja apenas um dos critérios de sua classificação. As demais raças de Bernier não são designadas por cores [...]. A classificação de Bernier, embora esteja marcada pela polaridade branco-negro, [...] não servindo, portanto, para criar-se uma classificação segura [...].. Assim, concebe o termo raça, para classificar a diversidade humana aparente, isto é, a diversidade fenotípica (GUIMARÃES, 2008, p.17–20).

Dessa forma, o referido estudo era realizado a partir das medições de formato e tamanho da caixa craniana, tendo por embasamento as características fenotípicas assim como estudos da hereditariedade dos genes (GUIMARÃES, 2008).

Para Telles (2003), ao tratarmos das circunstâncias relacionadas ao racismo, no campo científico, identificamos que suas teorias emergem das afirmações relacionadas à inferioridade racial do negro em relação ao branco. Caracterizavam-nos como doentes raciais e sociais.

Nesse contexto, o termo racismo apresenta a noção dada por Munanga (2000, p. 24) que o institui como "*uma crença na existência das raças naturalmente hierarquizadas pela relação intrínseca entre o físico e o moral, o físico e o intelecto, o físico e o cultural*".

Ainda, no século XIX, um dos estudos seminais, no Brasil, foi realizado pelo professor de medicina legal Raimundo Nina Rodrigues. O autor descreveu sobre a presença do africano, em diversas perspectivas. Abordou em seus trabalhos os aspectos físicos, psíquicos, sociais, culturais, dos africanos e afrodescendentes, iniciando diferentes estudos sobre do racismo científico no Brasil.

O cientista demonstrou considerações sobre o negro e o mestiço, nas quais apresenta ideias relacionadas à crença da inferioridade e, também, uma imaginária degenerescência física e mental dos negros e mestiços e sua pré-disposição ao crime (BUONICORE, 2005).

Diante das discussões sobre raça que circulavam à época no cenário tanto nacional quanto internacional, o Brasil era descrito como "*[...] uma nação composta de raças miscigenadas, porém em transição. Essas, passando por um processo acelerado de cruzamento, e depuradas mediante uma seleção natural [...], levaria a supor que o Brasil seria, um dia, branco*" (BUONICORE, 2005, p. 89).

Nesse âmbito, a ideia de embranquecimento da nação foi sobretudo um modo de racionalizar os sentimentos de inferioridade racial realizados pelo racismo científico.

A tese do branqueamento baseava-se na presunção da superioridade branca, às vezes pelo uso dos eufemismos raças "mais adiantadas" e pelo fato de ficar em aberto a questão de ser a inferioridade inata. À suposição, juntavam-se mais duas: Primeiro–a população negra diminuiria progressivamente em relação à branca. Segundo – a miscigenação produzia "naturalmente" uma população mais clara, em parte porque o gene branco era mais forte e em parte porque as pessoas procurassem parceiros mais claros (SKIDMORE, 2012, p. 81).

Assim o projeto de construção de identidade étnica brasileira ganha forma, no contexto da miscigenação, pois esse processo corresponderia a possibilidade melhoramento e regeneração racial, com o propósito explícito do estimular o desaparecimento progressivo dos negros e mestiços de pele escura.

Essas pressões dificultavam o encontro de uma maneira de inserir a população de ex-escravos na formação da nacionalidade brasileira, visto que as considerações sobre a inferioridade racial povoavam o pensamento da época (Munanga, 2004). Ainda que o negro, da sociedade escravocrata, fosse a base estruturante na cadeia produtiva.

Conforme a abolição da escravatura e a nova ordem capitalista, o negro passa a ser considerado a representação do atraso e, consequentemente, antagonista ao desenvolvimento e a noção de progresso que o país desejava para si (SCHWARCZ, 1993).

Em contrapartida ao que se concebia como realidade brasileira, a miscigenação apresentava características raciais mais originais à construção do que se pretendia delimitar enquanto identidade racial brasileira. Tendo em vista, a expressiva quantidade populacional, oriunda de tais relações inter-raciais não assumidas.

Pode-se inferir, então, que o racismo brasileiro é um fenômeno histórico e embora seja parte de construções contemporâneas, suas formulações foram elaboradas no século XIX, a partir da ideia equivocada de superioridade racial, constituindo o processo de hierarquização das relações vigentes, a partir da manutenção de estereótipos excludentes para a população negra.

Considerações finais

Historicamente, o racismo brasileiro vem se construindo e se perpetuando, de modo que suas remissões se referem à cor da pele. O argumento que legitima tal afirmação baseia-se no racismo assimilacionista e na etiqueta racial.

No campo assimilacionista, esta forma de racismo é considerada a forma mais perversas de racismo, pois este inviabiliza quaisquer discussões acerca da acerca da situação racial brasileira, uma vez que exalta as relações inter-raciais. Constrói no imaginário do negro a necessidade de internalizar em suas interações a resignação, a conduta retilínea e a obediência. Tais atributos, teoricamente, assegurariam participação efetiva na sociedade de classes, desde que agissem espelhados nos cidadãos bem brancos.

A "etiqueta" racial é considerada uma construção social, pois por meio da disseminação ideológica dos condutores de consciência, apresentam discursos ferrenhos que desestimulam a discussão ou à critica em relação às sutilezas do racismo brasileiro. Trabalham na perspectiva de que há total benevolência e generosidade por parte da "elite branca e benfeitora" em relação aos negros, selando o pacto de eterna gratidão.

A partir dessa ótica, os negros devem gratidão à elite branca, sendo enredados numa dívida nietzschiana infinita. Esta dívida infinita estaria pautada em relações contratuais, na qual os negros são os devedores remissivos, gratos pela confiança do branco credor. Estes recorrem constantemente à memória daqueles, para lembrá-los que sabem do seu compromisso enquanto promessa, que sabem da sua dívida moral. E assim, o negro tem o dever e a obrigação em restituir de alguma forma a compaixão moral travestida em bem superior do branco.

Portanto, estabelecem nesse sentido, um sistema dinâmico de interações para além do indivíduo, autorizando-os a posse de sentimentos de pertencimento, alienação e identificação ou diferenciação do grupo, de modo que maximizem a estigmatização diante dos negros pobres, sendo automaticamente rechaçados socialmente.

Referências

ALBUQUERQUE, W. R.; FRAGA FILHO, W. **Uma História do Negro no Brasil**. Centro de Estudos Afro-Orientais. Brasília: Fundação Cultural Palmares, 2000.

BRASIL. Constituição (1988). **Constituição da República Federativa do Brasil**. Brasília, DF: Senado Federal: Centro Gráfico, 1988. 292 p.

CARVALHO, J. (2001). Princesa Isabel e a ideologia do branqueamento: Zumbi dos Palmares e o Movimento Negro. **Revista Urutagua**, 1(2). Recuperado em 5 de março, 2013, de http://www.urutagua.uem.br//02jairo.htm. Acesso em: 12/01/2021.

CHIAVENATO, J. J. **O Negro no Brasil: da Senzala à Guerra do Paraguay** (2a ed.). São Paulo: Brasiliense, 1980.
________. **O negro no Brasil**. São Paulo: Ed. Cortez, 2012.

HUNT, E. K. **História do Pensamento Econômico**. Rio de Janeiro, Campus, 2004

JACOBI, J. **Complexo, arquétipo, símbolo na psicologia de C. G. Jung.** Petrópolis, RJ: Vozes, [1957] 2017.

JUNG, Carl Gustav. **Os arquétipos e o inconsciente coletivo / CG. Jung;** [Tradução: Maria Luíza Appy, Dora Mariana R. Ferreira da Silva]. Petrópolis, RJ: Vozes, [1954] 2000.

________. **Natureza da psique.** (Vol. 8/2). Rio de Janeiro: Vozes, 2011.

MINAYO, M. C. S. **O desafio do conhecimento**. São Paulo/ Rio de Janeiro: HUCITEC-ABRASCO, 1994.

MUNANGA, K. **Rediscutindo a mestiçagem no Brasil: identidade nacional versus identidade negra**. Belo Horizonte: Autêntica, 2004.

NASCIMENTO, A. **O Genocídio do Negro Brasileiro: processo de um racismo mascarado**. São Paulo, Perspectivas, 2016.

NIETZSCHE, F.W. **Genealogia da Moral: uma polêmica**. São Paulo, Companhia das Letras, 1999.

RIBEIRO, D. **O Povo Brasileiro: a formação e o sentido do Brasil** São Paulo, Companhia das Letras, 2ª edição, 2004.

PINSKY, J. **A escravidão no Brasil**. 17a ed. rev. e ampl. São Paulo: Contexto, 2000.

RAMOS, D. **Cultural complex and the elaboration of trauma from slavery**. São Paulo, SP: Pontíficia Universidade Católica de São Paulo, 2011. Disponível em: <https://www.pucsp.br/jung/ingles/publications/24_05_2011_cultural_complex.html>. Acesso em: 14/02/ 2021.

SINGER, T. e KIMBLES, S. L. **The Cultural Complex**. New York, USA: Brunner- SRoutledge, 2004.

SOUZA, J. **A Elite do atraso:** da Escravidão à Lava-Jato. Rio de Janeiro: Ed. Leya, 2017.

SANTOS, G. **Relações raciais e desigualdade no Brasil.** São Paulo: Selo Negro, 2009.

SCHWARCZ, L. M. **O espetáculo das raças: cientistas, instituições e questão racial no Brasil 1870-1930**. São Paulo: Companhia da Letras. 1993.

TELLES, E. E. **Racismo à brasileira: uma nova perspectiva sociológica**. Rio de Janeiro: Relume-Dumará, 2003.

CAPÍTULO 6

Diversidade nas organizações: estratégias de empresas brasileiras na busca por ambientes mais inclusivos

Daniela Sakumoto Sriubas

O Brasil é um país diverso e seria bastante lógico que essa característica estivesse refletida nos ambientes empresariais. Mas nem sempre é o que acontece.

O comportamento das empresas vem mudando há alguns anos. Enquanto atividade econômica, as corporações não abandonaram a preocupação com o lucro e com a produtividade, mas passaram a levar em consideração também questões sociais. Especialmente a partir dos anos 1990 o papel social das instituições passou a ser questionado e o modelo de empresa que buscava lucro acima de tudo e a qualquer custo não cabe mais.

Até então mercado e sociedade ocupavam posições distintas e meramente negociais: de um lado o fornecedor e do outro o consumidor. A empresa fornecia um determinado produto e o consumidor o adquiria. O que acontecia nos meandros desse processo não recebia atenção, não tinha importância. Se o produto fosse bom e se o consumidor tivesse necessidade ou vontade de possui-lo estava aperfeiçoada a relação de consumo.

Atualmente apenas a qualidade do produto não basta. O consumidor anseia por saber qual o posicionamento da empresa que o fornece; de onde vem a matéria prima desse produto; quais as condições de trabalho a que está submetida a mão-de-obra que o produziu e até mesmo o posicionamento político da empresa passou a ser observado.

Essa mudança de comportamento é fruto do amadurecimento da sociedade, potencializado em grande medida pela globalização. A internet e o ativismo das redes sociais fomentam debates que culminam em consumidores mais conscientes e capazes de exigir mudanças.

Uma das temáticas alvo de questionamentos mais latentes está relacionada à diversidade nos ambientes corporativos.

Por muito tempo as empresas ignoraram a heterogeneidade populacional até mesmo sob o prisma comercial. Um exemplo disso é a indústria de cosméticos que nunca deu atenção à população de pele negra. Apenas mais recentemente e por exigência dos consumidores é que esse público deixou de ser negligenciado.

Mas não basta atentar para a diversidade apenas do ponto de vista mercadológico. É imprescindível governá-la também no âmbito interno. Empresas cujo quadro de funcionários seja composto majoritariamente por homens brancos, jovens e heterossexuais agora são vistas com espanto e desconfiança. Não é mais aceitável que a organização não reflita a estrutura da sociedade e não esteja sensível às questões sociais.

A desigualdade que assola a sociedade brasileira também atinge as relações de trabalho. Discriminação e falta de representatividade são reflexos desse fenômeno e alvejam negros, pessoas portadoras de deficiência, pessoas idosas, membros da comunidade LGBTQ+ e outras parcelas populacionais tidas como minorias.

No âmbito empresarial, ao contrário do estigma que vigora, a diversidade vai muito além da promoção de políticas para pessoas com deficiência. Uma empresa é diversa quando possui em seus quadros funcionários de diferentes gêneros, etnias, formações, orientações religiosas e sexuais, idades e visões de mundo.

Essa pluralidade potencializa as oportunidades da empresa, amplia a capacidade de resolução de problemas, torna o ambiente mais propício à inovação e à medida em que traz visões diferentes de mundo, conecta a empresa com outros públicos. Ao romper as barreiras do preconceito o ambiente organizacional torna-se mais propício para o desenvolvimento dos colaboradores tanto do ponto de vista pessoal quanto profissional. Traz impacto na motivação, na produtividade e na imagem da empresa.

A diversidade é uma preocupação inserta no âmbito das políticas ESG. A sigla é composta pelas iniciais das palavras de origem inglesa: *environmental, social and governance*. Em português traduz-se para ambiental, social e de governança, que são pilares da sustentabilidade. Os índices ESG impactam na valorização da empresa e os investidores levam-nos em consideração para tomar suas decisões. Promover a inclusão social através da diversidade contribui substancialmente para a manutenção e longevidade da empresa. Fomentar um ambiente diverso é uma vantagem competitiva.

Embora as empresas estejam mais interessadas e empenhadas em promover diversidade, uma pesquisa[14] realizada pela consultoria Robert Half com a participação de 100 coordenadores, gerentes e diretores de Recursos Humanos de diferentes organização, portes e setores, revelou que 57% dos entrevistados entendem que a empresa em que trabalham não tem políticas claras de diversidade e inclusão. Quando questionados sobre os motivos 58% declararam que estão em fase de estruturação; 18% disseram faltar apoio das lideranças e apenas 8% não veem necessidade de promover ações nesse sentido.

---

[14] HALF, Robert. *Diversidade e Inclusão*. Disponível em https://www.roberthalf.com.br/sites/roberthalf.com.br/files/documents/robert-half-diversidade-inclusao-2019.pdf

A mesma pesquisa identificou que liderança feminina, inclusão de PcD (pessoas com deficiência) e questões de gênero são as temáticas mais abordadas pelas empresas. Em seguida estão questões raciais, igualdade quantitativa de gênero, diferenças salariais, questões de idade e de religião. E é quase unanimidade dentre os participantes da pesquisa que a diversidade é importante para a empresa, gera valor para a marca e mostra-se um diferencial mercadológico.

Na ânsia por adequar-se é preciso resistir à armadilha de tornar o ambiente diverso a qualquer custo, sob pena de obter o efeito reverso. Na tentativa de admitir profissionais com perfis variados corre-se o risco de negligenciar a competência, o que é um erro grave. Como consequência surgem estigmas ainda mais segregadores.

Situação semelhante ocorreu por ocasião da implantação da legislação que obrigou as empresas a terem em seus quadros determinada porcentagem de funcionários com deficiências. Algumas abriram vagas específicas para esse público visando apenas cumprir a exigência legal, sem considerar as aptidões dos candidatos e muitas vezes até dispensando-os do cumprimento das funções. Duas consequências advêm desta situação. A primeira delas é a criação do estigma de que os que ocupam as vagas destinadas aos portadores de deficiência não tem qualificação e competência para tal. A segunda é a não promoção efetiva da inclusão, que ficou restrita ao cumprimento da obrigação legal.

Longe do romantismo de considerar a adoção da diversidade uma estratégia pura e meramente humanitária, é necessário considerar que se trata de estratégia de negócio, sem a qual a manutenção da empresa a médio e longo prazo ficará comprometida. De toda forma não deixa de ser um posicionamento ético e com reflexos positivos.

6.1 Promoção da Diversidade

Para além de compreender a importância de ter um ambiente diverso, o desafio está em promovê-lo.

O primeiro passo é fazer um diagnóstico organizacional não apenas para dimensionar o grau de desigualdade, mas para investigar suas causas e procurar lacunas que possam ser supridas.

Mas tornar o ambiente diverso não é suficiente; é preciso também torná-lo efetivamente inclusivo, o que implica em promover mudanças culturais.

É importante constituir grupos de discussão e comitês destinados a observar a organização com o olhar voltado especificamente para a questão, dando voz aos colaboradores e repensando os processos e políticas internos.

Rever o processo seletivo também é essencial. A homogeneidade do ambiente laboral na maioria das vezes tem origem nos parâmetros estabelecidos para a busca dos profissionais. É necessário reavaliar cada uma das etapas para que sejam garantidas a justiça e a igualdade de oportunidades e para que sejam adotas estratégias que promovam o preenchimento equânime das vagas. É essencial que sejam banidas medidas que impliquem em discriminação e preconceito, mesmo que inconsciente. Processos seletivos automatizados e às cegas são excelentes estratégias nesse sentido.

É preciso também avaliar como estão distribuídas as lideranças. De nada adianta mover esforços para admitir pessoas diversas se os cargos de direção permanecerem com mesmo perfil.

Partindo do princípio que o caminho a ser percorrido é novo e em grande parte desconhecido, se faz importante conhecer as medidas e estratégias que estão sendo adotas pelas empresas na busca por proporcionar ambientes mais diversos e inclusivos. Não há fórmula ou receita pronta, mas observar as iniciativas que vêm sendo adotadas, sem dúvida nenhuma é um ponto de partida importante.

Em geral as corporações compartilham suas experiências e estratégias em seus relatórios de sustentabilidade e resultados e em sua página eletrônica. Os dados a seguir apresentados foram extraídos destas fontes e não foram submetidos a verificação. Também não há a pretensão de relatar todas as ações desenvolvidas pelas empresas. A ideia é conhecê-las sem analisá-las ou fazer juízo de valores.

Trata-se de empresas estabelecidas no Brasil e que atuam em diferentes segmentos.

6.1.1 White Martins

A White Martins foi a primeira fábrica de oxigênio do Brasil. Produz e comercializa gases atmosféricos, medicinais e especiais que são ofertados a clientes de todos os portes e de diversos setores da economia. Desde 2019 tornou-se uma empresa do grupo Linde, por meio da fusão entre a Linde e a Praxair, sua antiga controladora.

A empresa considera a gestão da diversidade uma estratégia de negócios. Acredita que empresas mais diversas são mais inovadoras e ampliam sua capacidade de pensar soluções eficazes.

Consolidar políticas bem estruturadas e que garantam igualdade de oportunidades é um dos pilares defendidos pela empresa. Atração e desenvolvimento de talentos em vulnerabilidade social e afrodescendentes, bem como a inclusão de pessoas com deficiência e de diferentes gerações e origens estão dentre os objetivos da empresa.

As ações em prol da diversidade são parte da política de Recursos Humanos e Gestão de Pessoas. Há programas de planejamento de carreira e coaching no intuito de formar novas lideranças e um banco de talentos que reflita a realidade multicultural sul-americana.

Em 2017 foi criado o "Grupo de Valorização da Diversidade". Composto por 20 funcionários sendo 70% mulheres, 22% negros, 28% da geração X, 50% da geração Y e 22% da geração Z. Todos são voluntários envolvidos em questões de gênero, raça, pessoas com deficiência e LGBTI+. O grupo realiza reuniões mensais para identificar oportunidades de ações e formular propostas que são avaliadas pelo "Conselho de Diversidade da América do Sul", integrado pelo presidente e diretores executivos da empresa.

Há também um "Comitê de Diversidade", que se reúne semestralmente e avalia como a empresa tem evoluído e como avançar na temática de diversidade e inclusão. Participam deste comitê o vice-presidente industrial, os diretores executivos de finanças, negócios, jurídico e talentos e sustentabilidade, a diretora de talentos e comunicação, a gerente de comunicação institucional e a gerente de sustentabilidade e diversidade.

A gestão da diversidade é de responsabilidade da diretoria executiva de Talentos e Sustentabilidade, que trimestralmente reporta os resultados e ações de destaque à matriz.

A empresa acredita que características como gênero, raça, origem, tipo físico e orientação sexual não estão relacionadas ao talento e tem como objetivo garantir igualdade de oportunidades a seus colaboradores. Para tanto, desde 2009 traçou estratégia global trabalhada em 3 pilares: Cultura (projetos trabalhados pelas áreas de Sustentabilidade e Diversidade e Comunicação), Desenvolvimento (gestão feita pela área de Desenvolvimento Organizacional) e Atração (iniciativas propostas pela área de Recrutamento e Seleção).

Ações consistentes têm sido implementadas nas áreas de Recrutamento e Seleção, Treinamento e Desenvolvimento para oferecer oportunidades igualitárias de desenvolvimento. Um exemplo é a mentoria "InspirAR", em parceria com a "Comunidade Empodera", na qual os funcionários inscritos voluntariamente atuam como mentores de jovens talentos afrodescendentes de comunidades de baixa renda. A empresa realizou duas turmas, entre 2019 e 2020, que envolveram 30 jovens no total.

A principal meta em diversidade é ter 30% de mulheres em seu quadro de funcionários até 2030. Contribui para esse intuito o "Programa de Liderança Feminina", que tem como foco alavancar o desenvolvimento das líderes da empresa. Entre 2019 e 2020 foram realizados 9 workshops e outros encontros, que impactaram 21 mulheres mapeadas pela área de Recursos Humanos.

Paralelamente, visando a equidade a empresa preocupa-se em acompanhar os indicadores salariais de remuneração por gênero.

A preocupação com a questão de gênero extrapola os limites da empresa que, por meio da consultoria "Papo de Homem", busca sensibilizar o público masculino na discussão de gênero e no processo de mudança da sociedade, do ambiente familiar e do mundo corporativo.

Além das estratégias desenvolvidas internamente a White Martins também apoia e é signatária de iniciativas externas tais como: a "Coalizão Empresarial pelo Fim da Violência contra Mulheres e Meninas"; a "Coalizão Empresarial para Equidade Racial e de Gênero"; o "Fórum de Empresas e Direitos LGBTI+"; o "*Women's Empowerment Principles*" (Princípios de Empoderamento das Mulheres, WEPs na sigla em inglês); a "ONU Mulheres" e o "Movimento Mulher 360".

Em parceria com outras instituições promove eventos que discutem diversidade e inclusão no meio empresarial. No biênio 2019/2020, a companhia realizou o encontro Meninas e Mulheres nas Ciências, em parceria com a Unesco, ONU Mulheres e FIRJAN, para discutir estratégias para ampliar o acesso e a atuação feminina em carreiras ligadas à área de tecnologia. Apoiou e participou do evento "Gênero e mercado de trabalho", promovido pelo Projeto Celina, do jornal O Globo, com objetivo de discutir as transformações geradas pela crescente participação das mulheres no mercado de trabalho e como isso pode impulsionar o PIB mundial. Participou também da "4ª Conferência Empodera", evento promovido pela consultoria Comunidade Empodera; e patrocinou e participou do evento online "Afropresença", ação promovida pelo Ministério Público do Trabalho de São Paulo e o Pacto Global da ONU.

A questão racial também merece atenção especial da corporação. Marcando o Dia da Consciência Negra o webinar "Advocate for Change" contou com a presença de funcionário negros que puderam discutir o racismo e externar suas percepções no intuito de encontrar soluções e propostas de melhoria.

A campanha "Respeito" celebra anualmente datas importantes dentro da temática de diversidade como o Dia Internacional da Mulher, Dia Internacional Contra a Discriminação Racial, o Dia Internacional do Orgulho LGBTI+, o Dia Nacional de Combate à Intolerância Religiosa, entre outros.

O "Radar do Saber" é outra iniciativa da empresa que promove sessões de discussão com temáticas focadas em diversidade. Exemplos de assuntos tratados são "Sororidade", "Setembro Verde" (sobre o mês da pessoa com deficiência), "Outubro Rosa", "Novembro Azul" (focados em saúde da mulher e do homem) e "Dezembro Laranja", sobre o combate à violência contra a mulher.

Em 2019 o "Grupo de Valorização da Diversidade" elaborou um manifesto no qual detalha como os funcionários podem se envolver e contribuir para a diversidade e inclusão.

Por suas estratégias de diversidade e inclusão, a White Martins foi reconhecida no biênio 2019/2020 pelo Guia Exame de Diversidade, como destaque na categoria étnico-racial; pelo Prêmio *Women's Empowerment Principles*, na categoria bronze, como uma das melhores empresas do Brasil com ações para a equidade de gênero no mercado de trabalho e pelo empoderamento econômico das mulheres; e pelo Prêmio Mulheres na Liderança, promovido pela ONG *Women in Leadership in Latin America* em parceria com o Grupo Globo e o Instituto Ipsos, como destaque na categoria "Química e Petroquímica".

Diversidade nos órgãos de governança por gênero (Brasil)

	Homens	Mulheres
2019	75,67%	24,33%
2020	75,51%	24,49%

Diversidade nos órgãos de governança por idade (Brasil)

	Até 30 anos	De 31 a 50 anos	Acima de 50 anos
2019	4%	64%	33%
2020	4%	62%	35%

Diversidade de gênero por categoria funcional (Brasil)

	2019		2020	
	Homens	Mulheres	Homens	Mulheres
Administrativo	48,9%	51,1%	49,4%	50,6%
Estagiário	47,4%	52,6%	52,2%	47,8%
Operacional	98,9%	1,1%	97,1%	2,9%
Profissional	69%	31%	67%	33%
Técnico	98%	2%	97,8%	2,2%
Total	75,9%	24,1%	76,9%	23,1%

Diversidade etária por categoria funcional (Brasil)

	2019			2020		
	Até 30 anos	De 31 a 50 anos	Acima de 50 anos	Até 30 anos	De 31 a 50 anos	Acima de 50 anos
Administrativo	30,4%	54,2%	15,4%	26%	55%	15%
Estagiário	99%	1%	0%	98%	2%	0%
Operacional	15,8%	62,8%	21,4%	14%	65%	21%
Profissional	17,4%	64%	18,6%	15,7%	65,2%	19,1%
Técnico	22,2%	63,9%	13,9%	18,5%	65,9%	15,6%
Total	26,4%	57,1%	16,5%	22,4%	58,4%	19,2%

Fonte: https://www.praxair.com.br/-/media/corporate/praxair-brazil/documents/sd-brazil/relatrio-de-sustentabilidade_2019-2020.pdf?la=pt-br

6.1.2 Ambev

A AMBEV é uma empresa que teve origem em 1999 com a união entre a Cervejaria Brahma e a Companhia

Antarctica. Está presente em 19 países, produz e engarrafa mais de 30 marcas de bebidas e conta com 35 mil colaboradores no Brasil.

Diversidade, inclusão e equidade racial são algumas das frentes da plataforma "Mundo Melhor", criada pela empresa e que aborda ainda outras temáticas pautadas pela ética como: água, embalagem circular, agricultura sustentável, mudança climática, empreendedorismo e consumo responsável dentre outras.

A empresa defende a crença de que o mundo será melhor quando houver vida mais igualitária e justa, sem discriminação de raça, gênero, orientação sexual, deficiência e outros marcadores sociais, fazendo destas bandeiras prioridade.

De acordo com os dados apurados em 2021 48% da companhia é composta por pessoas negras (pretas e pardas); 47% são brancas; 1,2% amarelos; e 0,6% indígena. Em cargos de liderança, 25% se autodeclaram negros. Em relação ao gênero 75% são homens (cis ou trans) e 25% mulheres (cis ou trans). Em cargos de liderança, 36% são mulheres, número 50% maior do que cinco anos atrás. Há também mais de 100 pessoas trans contratadas pela Ambev.

Na organização há 4 grupos responsáveis por discutir diversidade e inclusão na empresa:

- WEISS (WOMEN EMPOWERED INTERESTED IN SUCCESSFUL SYNERGIES) que discute empoderamento feminino e igualdade de gênero.
- LAGER (LESBIAN AND GAY AND EVERYONE RESPECTED): gays, lésbicas, bissexuais, transexuais e outros públicos.

- BOCK (BUILDING OPPORTUNITIES FOR COLLEAGUES OF ALL KINDS): igualdade de oportunidades para todas as raças.
- IPA (IMPROVE PEOPLE ACCESSIBILITY): representatividade e inclusão das pessoas com deficiência (PCD) na Companhia.

O engajamento das lideranças é continuamente incentivado por cursos e treinamentos que visam atentar para comportamentos que possam contrariar a inclusão no âmbito institucional.

Há um canal da Ouvidoria que acolhe denúncias de assédio e discriminação que são apuradas e acompanhadas por um comitê que também tem competência para aplicar medidas corretivas.

No intuito de proporcionar um ambiente de trabalho mais inclusivo e identificar falhas e oportunidades de melhorias, anualmente é realizado um censo interno sobre diversidade, saúde mental, inclusão e respeito onde são tratados temas como etnia orientação sexual, gênero, religião e deficiência física.

As diretrizes e políticas que norteiam a empresa são apoiadas por um "Comitê de Diversidade e Inclusão". Integram-no especialistas externos e lideranças internas da AMBEV. O principal resultado do trabalho desse comitê, assumido um compromisso público com a equidade racial, foi a criação de 13 objetivos a serem alcançados, formas de mensuração e prazos para atingi-los.

Os 13 objetivos estão divididos em 3 frentes:

- FRENTE 1: Ampliar a representatividade negra em contratações e promoções.
- FRENTE 2: Conscientização sobre a pauta.
- FRENTE 3: Fomentar diversidade e Inclusão no Ecossistema.

FRENTE 1 -META	PRAZO
1. Replicar o programa em todas as regionais em 2022 atingindo a marca de 400 estagiários.	dez/22
2. 60 trainees negros e negras nos próximos de 2021-2023	dez/23
3. Executar programa de formação de líderes negros em todas as regionais.	dez/22
4. Representatividade de negros em treinamentos e formações corporativas baseado em dado demográfico local.	dez/22
5. Contratação de 250 líderes (Banda 0-VII) negros em 2022, sendo 50% mulheres.	dez/22
FRENTE 2 -META	**PRAZO**
6. Ativações trimestrais com grupos de afinidade em todas as regionais de vendas e supply com a participação dos líderes	NA
7. 100% dos líderes treinados sobre anti-racismo, viés inconsciente, diversidade e inclusão todo o ano.	NA
8. Evolução na pergunta de D&I do censo anual em grupos diversos	dez/22
9. Treinamento antirracista de terceiros	dez/22

FRENTE 3- META	PRAZO
10. Dobrar os gastos com fornecedores liderados por negros em 2022	dez/22
11. Definir com nossas agencias de comunicação e marketing, compromissos, objetivos e prazos para maior diversidade e inclusão nos seus times.	jul/22
12. Implementar programa contra a violência doméstica, que afeta uma maioria de mulheres negras	dez/22
13. 200 líderes negros (internos ou externos) mentorados pela Ambev ou parceiros anualmente	dez/22

Fonte: https://www.ambev.com.br/sobre/equidade-racial

Algumas dessas metas foram alcançadas antes mesmo dos prazos estabelecidos, é o exemplo da meta de ampliar o cadastro e a contração de fornecedores liderados por negros. A partir dessa iniciativa a empresa passou a contar com 569 novos fornecedores liderados por pessoas autodeclaradas negras em sua base de parceiros cadastrados. Esse número é 184% maior do que o objetivo estabelecido.

Outro exemplo de meta já alcançada e dobrada é a promoção e contratação de lideranças negras. A iniciativa, tinha por objetivo inicial a contratação de 200 profissionais entre janeiro e dezembro de 2021, mas foram incorporados 517 profissionais negros e negras ao quadro de colaboradores.

Em 2017 foi criado o grupo de afinidade étnico-racial denominado "BOCK", hoje com mais de 700 membros de diversas áreas e níveis hierárquicos em todo o Brasil. O grupo tem por característica o acolhimento, engajamento e representatividade de pessoas negras na organização. O grupo presta consultoria à AMBEV ajudando a expandir a discussão sobre a pauta racial, e auxiliando na construção de projetos e abordagens do tema.

No que tange à capacitação, anualmente ocorre treinamento sobre diversidade, inclusão e viés inconsciente. Feito em parceria com fornecedores especializados no assunto tem por objetivo auxiliar na identificação de vieses inconscientes no recrutamento, seleção, engajamento e avaliação dos colaboradores.

Os processos de recrutamento e seleção também merecem especial atenção sob o ponto de vista da equidade racial. Em 2019 foi criado o "Representa", um programa de estágio desenvolvido com exclusividade para universitários negros em complemento ao estágio tradicional. Tem por objetivo diminuir as barreiras que se impõem à representatividade substituindo-as por oportunidades. Incluem benefícios extras que vão desde bolsas de estudo para a língua inglesa em substituição à exigência à fluência na língua, até salários extras, mentorias, apoio psicológico e orientação jurídica. Essa iniciativa, que já contratou 450 candidatos negros desde 2019, foi contemplada com selo de Direitos Humanos e Diversidade da Prefeitura de São Paulo.

A AMBEV também é uma das integrantes no "Movimento pela Equidade Racial-MOVER" que capacita pessoas negras para novos empregos e para a liderança.

Em relação à equidade de gênero há o "Star Tech", programa de capacitação da Ambev, cuja quarta edição foi dedicada exclusivamente a mulheres (cis e trans) e pessoas negras. O programa destina vagas para React (linguagem de programação) e QA (testes de software).

Outro programa voltado para a inclusão de mulheres é o "Mulher.Ada", que em 2021 selecionou 20 profissionais mulheres para cargos de gerência nas áreas de tecnologia e inovação. A ideia é torná-lo periódico e que cada edição seja voltada para perfis específicos como por exemplo para mulheres negras e LGBTQIA+.

Ainda pensando em equidade de gênero foi criado o "Homens Aliados", programa que em 2021 instruiu 70 homens da alta liderança sobre o papel deles na equidade de gênero. Também foi revisto o processo de avaliação de desempenho e bônus para colaboradoras no retorno da licença-maternidade.

Devido às políticas inclusivas da AMBEV, a empresa ingressou no portfólio de empresas referência em Igualdade de Gênero da Bloomberg, principal agência internacional de dados e notícias do mundo financeiro.

Pela primeira vez, as unidades do Chile, Brasil e Argentina foram reconhecidas pelo Prêmio WEPs, que homenageia empresas que promovem a cultura da equidade de gênero.

6.1.3 Santander

Presente em todas as regiões do Brasil, o Santander Brasil é o terceiro maior banco privado do País, em atividade no mercado local desde 1982.

O Santander acredita que em um ambiente mais plural agregamos diferentes olhares, ampliando a velocidade e a capacidade de transformação das pessoas e dos negócios. Defende que as características e experiências distintas ajudam a atender melhor os clientes e a criar um ambiente mais próspero para pessoas e negócios.

Entende que para que os colaboradores possam desenvolver seu potencial é fundamental construir um ambiente de respeito, diversidade e inclusão. Permitir que os colaboradores desenvolvam seu potencial e talentos a partir de suas características únicas é um dos objetivos institucionais.

A diversidade é um dos princípios do Código de Ética da empresa, que possui uma equipe de Diversidade e Inclusão e uma estrutura de governança para acompanhar os indicadores. A partir de 2017, a instituição começou um movimento interno para avançar ainda mais no tema definindo quatro frentes prioritárias: gênero, raça, pessoas com deficiência e diversidade de formação, experiências e gerações.

Por acreditar que uma transformação positiva acontece com a participação de todos, foram estabelecidos três pilares para a diversidade:

- INDIVÍDUO: a mudança deve começar em cada funcionário.
- BANCO: mudanças são essenciais para a transformação.
- SOCIEDADE: influenciar o contexto para um futuro mais favorável.

40% dos funcionários da instituição foram treinados para a diversidade e o treinamento "Diversidade na Prática" foi o mais cessado dentre os treinamentos ofertados.

Buscando agregar diferentes visões, ideias e opiniões o processo de recrutamento abrange profissionais de diferentes perfis, experiências, áreas de graduação e provenientes de diversos segmentos econômicos.

As mulheres representam 59% de toda a organização. No entanto, em cargos de média, alta gestão e vice-presidências apenas 31,4% da liderança é feminina. Em relação à igualdade de gênero uma das principais metas é aumentar essa representatividade. Para 2021 a meta de crescimento estabelecida (2,3%) foi superada e a ambição para 2025 é que as mulheres ocupem 40% dos cargos de liderança.

Em 2021 foram desenvolvidas estratégias para ampliar a representatividade de pessoas negras não só na organização, mas no mercado de trabalho como um todo. Envolvem o desenvolvimento de ações para a atração e seleção desse público, além do estabelecimento de parcerias que ajudem a impulsionar essas iniciativas. Dentre as medidas adotadas estão a criação de vídeos internos com exemplos reais, com o objetivo de fortalecer o vínculo e encorajar o autodesenvolvimento desses profissionais. Pretende-se que a representatividade negra no banco chegue a 40% em 2025.

A empresa mantém os 5% de funcionários com deficiência exigidos por lei. Possui programas de mentoria que buscam o desenvolvimento profissional de pessoas com deficiência para que possam progredir na carreira nas mesmas condições dos demais. Em 2021 foram beneficiados mais de 50 colaboradores que receberam capacitação em linguagem de programação e foram contratados para atuar na área de tecnologia.

A heterogenia etária também é privilegiada. Em 2021 foi implementado o programa 50+ que proporcionou a contratação de 211 funcionários acima desta faixa etária para atendimento ao cliente e supervisão.

Com o propósito de conscientizar colaboradores sobre a importância de valorizar a diversidade, inclusive de gênero e orientação sexual foi lançado em 2019 o programa "Aliados".

O banco assume compromissos públicos, muitos dos quais relacionados à promoção da diversidade nas organizações tais como:

- INICIATIVA EMPRESARIAL PELA IGUALDADE RACIAL: plataforma de articulação entre empresas comprometidas em promover a inclusão e a valorização da diversidade étnico-racial. Em 2017, o Santander tornou-se signatário dos 10 Compromissos com a Promoção da Igualdade Racial.
- LIVRES & IGUAIS: campanha das Nações Unidas pela igualdade de direitos e tratamento justo para as pessoas LGBTI. Esse compromisso inclui a implementação dos Padrões de Conduta para Empresas, que envolve o fortalecimento da cultura de diversidade e a redução da discriminação no ambiente de trabalho.
- PRINCÍPIOS DE EMPODERAMENTO DAS MULHERES: em 2017 o Santander tornou-se signatário da iniciativa criada pela ONU Mulheres e pelo Pacto Global para ajudar a comunidade empresarial a incorporar em seus negócios valores e práticas para a equidade de gênero e o empoderamento feminino. Os

sete princípios oferecem orientações claras e práticas sobre como delegar poder às mulheres no ambiente de trabalho,no mercado de trabalho e na comunidade.

O Santander Brasil recebeu em 2021 o reconhecimento da GPTW como uma das melhores empresas para trabalhar; uma das melhores empresas para a mulher trabalhar; as melhores práticas em Étnico Racial; as melhores práticas LGBTI+; e destaques em melhores práticas em 50+. Também foi reconhecido pela *EuroMoney Awards Excellence* em práticas de Diversidade e Inclusão.

6.1.4 Ernst & Young

A Enrnst & Young é uma empresa que presta serviços de auditoria e consultoria em cinco áreas de atuação: *Assurance, Consulting, Tax, Strategy and Transactions e FSO.*

A empresa vê a diversidade com uma necessidade de negócio e parte do princípio de que pessoas diferentes são um trunfo para a inovação.

Desde 2016 é signatária da "Rede Brasil do Pacto Global", uma iniciativa da Organização das Nações Unidas (ONU) para incentivar empresas a adotar políticas sustentáveis e socialmente responsáveis e reportar sua implementação. A empresa conecta suas iniciativas e indicadores aos Objetivos do Desenvolvimento Sustentável da ONU, e considerando aspectos estratégicos globais e locais da empresa, bem como aspectos materiais do Brasil chegou a sete objetivos prioritários, alguns deles diretamente ligados à promoção da diversidade e da inclusão como: Igualdade de Gênero e Redução das desigualdades.

Em 2020, a companhia criou a "Força Tarefa de Equidade Social Global (GSET)", cujo trabalho gira em torno de promover a equidade social e o crescimento inclusivo. Líderes da EY de todo o mundo compõem a força tarefa que luta contra a injustiça, o preconceito, a discriminação e o racismo.

O GSET tem por objetivo acelerar os compromissos da empresa com a diversidade e a inclusão, não só desenvolvendo estratégias de conscientização sobre o tema, mas promovendo mudanças em processos e programas internos pela lente da equidade e construção de práticas de liderança inclusiva de alto nível entre todos os colaboradores. Externamente tem a pretensão de ser um caminho para inspirar maior equidade social e inclusão entre clientes, fornecedores e comunidades.

Em 2021 a EY lançou uma plataforma de tecnologia "Tech Hub" para integrar à empresa profissionais neurodiversos e contratou também uma empresa especializada na inclusão de pessoas com deficiência. Foram então implantadas práticas para recrutamento e acolhimento desse público como adaptações no processo seletivo, treinamento dos gestores para acolhimento adequado, além da designação de um colega para acompanhar o novo colaborador durante um ano. Esse plano de desenvolvimento também foi estendido aos profissionais com autismo e síndrome de down que já integravam os quadros da empresa.

Em toda a América Latina Sul, a empresa tem dado especial atenção à inclusão de pessoas com deficiência, ministrando treinamentos de sensibilização para lideranças e equipes de recrutamento com apoio de uma consultoria externa, que também oferece uma plataforma para divulgação de vagas e realiza comunicação inclusiva e diagnóstico de processos.

O Código de Conduta Global, que estabelece e comunica os princípios éticos de comportamento da empresa, passou por revisão para integrar temas de inclusão e diversidade. De acordo com esse documento a empresa prima pelo respeito interpessoal, pela valorização das diferenças e pela construção de um ambiente inclusivo, livre de discriminação, intimidação e assédio. Maus tratos com base em gênero, orientação sexual, nacionalidade, religião, cor, cultura ou raça ou outras dimensões da identidade são intoleráveis.

A empresa faz treinamentos periódicos para atualização dos funcionários acerca das questões éticas trazidas pelo Código de Conduta e os incentiva a denunciarem condutas antiéticas ou ilegais por 5 canais que coloca à disposição.

O combate à violência contra mulheres também recebe a atenção da EY, que reconhece seu dever de atuar estrategicamente na prevenção, formando e sensibilização colaboradores de ambos os sexos acerca do assunto. Junto à ONU Mulheres elaborou o Guia de acolhimento sobre violência doméstica contra mulheres, para esclarecer as pessoas a respeito da presença da violência doméstica em todos os grupos sociais, inclusive nos círculos próximos, explicitar o papel da empresa frente a esse fenômeno e orientar quanto à identificação de sinais de violência e à busca de ajuda e fluxo de acolhimento. Também foi criado um comitê para lidar com os casos apresentados e estar ao lado das mulheres que enfrentam essa situação, além da realização de treinamentos e workshops sobre o tema. Nos casos de violência que lhe são reportados a empresa assume o compromisso de ajudar as colaboradoras oferecendo apoio jurídico, social e psicológico para se desvencilharem da violência e garante a sua permanência no trabalho.

A empresa tem recebido reconhecimento pelo desenvolvimento e sucesso de suas ações ligadas à diversidade e inclusão. Em 2020 foi a única consultoria no Brasil a alcançar o nível *Global Compact Advanced*, por meio do qual o Pacto Global da ONU reconhece a adoção e o reporte das melhores práticas de sustentabilidade.

O *Great Place to Work Brasil*, em sua edição 2021, reconheceu a EY entre as Melhores Empresas para Trabalhar em cinco categorias:

- Mulher – por reconhecer a importância da atuação das mulheres no crescimento e na transformação dos mercados mundiais, e pela contribuição de seus grupos de afinidade Professional Women Network (PWN) e Women in Tech para a equidade de gênero e a presença das mulheres em áreas e posições de liderança.
- LGBTQIA+ – pelo empenho em criar um ambiente de trabalho livre de preconceitos. A empresa tem no Unity seu maior grupo de afinidade, representado por praticamente todas as dimensões da comunidade LGBTQIA+.
- Étnico-Racial – o grupo de afinidade Black Professional Network (BPN) da EY vem contribuindo para acelerar a equidade racial, dentro e fora da companhia, assumindo o compromisso de ser a mola propulsora da consciência cultural e o desenvolvimento e protagonismo profissional das pessoas negras, pretas e pardas.

- Pessoas com Deficiência- a EY é pioneira no compromisso pela empregabilidade e desenvolvimento de pessoas com deficiência. O EY Able, grupo de afinidade sobre o tema, é seu grupo mais antigo.
- EY foi reconhecida pelo Prêmio WEPs Brasil–Empresas Empoderando Mulheres, pela terceira vez na categoria Ouro. A iniciativa em parceria com a ONU Mulheres e a Organização Internacional do Trabalho (OIT) identifica e incentiva ações empresariais em prol da equidade de gênero e do empoderamento das mulheres.

A EY foi também reconhecida pelo Prêmio WILL, que destaca as melhores práticas, políticas e processos na promoção da liderança feminina.

Detém ainda o selo *The Global Compact – We Support* como uma empresa comprometida com a implementação dos 10 princípios do Pacto Global e o avanço do desenvolvimento sustentável.

Órgãos governamentais também reconhecem as iniciativas da empresa. A Prefeitura de São Paulo, por meio do Selo Municipal de Direitos Humanos e Diversidade, também rendeu reconhecimento à EY por suas boas práticas de gestão da diversidade e promoção dos direitos humanos.

Considerações finais

Inciativas como estas colocam luz em um caminho ainda bastante árido. Conhecê-las é de suma importância para que possam servir de inspiração, mas sem romantizar. É bem provável que existam focos de resistência como ocorre em todas as vezes que mudanças estruturais são propostas.

Cresce o número de empresas que contratam profissionais com a função específica de promoverem a diversidade. Estes, já mais familiarizados com a promoção da inclusão fazem o diagnóstico, analisam o perfil da empresa e reformulam desde os processos seletivos até as políticas de benefícios e os planos de carreira.

Há um longo percurso a ser trilhado. A desigualdade é multifatorial e as iniciativas para combatê-la também devem ser. As mudanças não são instantâneas e tampouco os resultados. Trata-se de processo gradativo e que ainda está longe do ideal, mas que evolui a cada dia.

Incentivos governamentais também são bem-vindos e necessários. Legislações e políticas que incentivem e promovam igualdade, diversidade e inclusão nas empresas ainda são bastante tímidas. Não obstante as ações isoladas que já desenvolvem é necessário que Poder Público, sociedade civil e empresas comunguem esforços na busca por uma sociedade mais equânime.

Num mundo globalizado não há que se abrir espaço para segregação.

Referências

AGÊNCIA BRASIL: Pesquisa mostra que preocupação com diversidade gera lucro às empresas. In **Instituto Locomotiva**. Disponível em https://ilocomotiva.com.br/clipping/agencia-brasil-pesquisa-mostra-que-preocupacao-com-diversidade-gera-lucro-as-empresas/. Acesso em julho de 2022

AMBEV. Equidade Racial. Disponível em https://www.ambev.com.br/sobre/equidade-racial. Acesso em julho de 2022

AMBEV. Relatório Anual e ESG 2021. Disponível em https://www.ambev.com.br/sites/g/files/wnfebl5836/files/Relat%C3%B3rio-Anual-e-de-ESG-Ambev-2021.pdf. Acesso em julho de 2022.

AMBEV. **Sustentabilidade.** Disponível em https://www.ambev.com.br/sustentabilidade. Acesso em julho de 2022.

ARMBRUST, Gabrielle. **Diversidade nas Empresas: o que é e como melhorá-la**. Disponível em https://www.gupy.io/blog/diversidade-nas-empresas#:~:text=A%20diversidade%20nas%20empresas%20%C3%A9,criatividade%20e%20inova%C3%A7%C3%A3o%20nas%20empresas. Acesso em julho de 2022

EY. **Relatório Anual 2021.** Disponível em https://www.ey.com/pt_br/corporate-responsibility/relatorio-anual-2021. Acesso em julho de 2022

FREITAS, Maria Ester. **Desafios da Gestão da Diversidade nas Organizações**. Disponível em https://pesquisa-eaesp.fgv.br/publicacoes/gvp/desafios-da-gestao-da-diversidade--nas-organizacoes. Acesso em julho de 2022

HALF, Robert. **Diversidade de Inclusão:** Você já parou para pensar nisso? Disponível em https://www.roberthalf.com.br/sites/roberthalf.com.br/files/documents/robert-half--diversidade-inclusao-2019.pdf. Acesso em julho de 2022

HALF, Robert. **Guia completo:** como promover a diversidade nas organizações? Disponível em https://www.roberthalf.com.br/blog/tendencias/guia-completo-como--promover-diversidade-nas-organizacoes-rc#toc1. Acesso em julho de 2022

IBGE. **CENSO 2010.** Disponível em https://www.ibge.gov.br/estatisticas/sociais/populacao/9662-censo-demografico-2010.html?=&t=destaques. Acesso em julho de 2022

IBGE. **Desigualdades Sociais por Cor ou Raça no Brasil.** Disponível em https://www.ibge.gov.br/estatisticas/sociais/populacao/25844-desigualdades-sociais-por-cor-ou-raca.html?=&t=resultados . Acesso em julho de 2022

Nações Unidas. **Objetivo de Desenvolvimento Sustentável.** Disponível em https://brasil.un.org/pt-br/sdgs/10#xd_co_f=NGVkYmQ5ODAtNDVhZC00ZDBkLTk2NGUtYmRhOTk1MzFmMWRi~. Acesso em julho de 2022

RODRIGUES, Viviane. **Gestão da diversidade nas organizações:** por que você deveria se preocupar com ela. Disponível em https://www.siteware.com.br/gestao-de-equipe/gestao-diversidade/. Acesso em julho de 2022

SANTANDER. **Compromissos.** Disponível em https://www.santander.com.br/sustentabilidade/posicionamento/compromissos%20. Acesso em julho de 2022

SANTANDER. **Diversidade e inclusão.** Disponível em https://www.santander.com.br/sustentabilidade/funcionarios/diversidade . Acesso em julho de 2022

SANTANDER. **Relatório ESG e Ações Climáticas 2021.** Disponível em https://cms.santander.com.br/sites/WPS/documentos/arq-relatorio-esg-acoes-climatica-2021-2/22-07-07_143430_relatorio-esg-aceos-climaticas-06-07.pdf#xd_co_f=NGVkYmQ5ODAtNDVhZC00ZDBkLTk2NGUtYmRhOTk1MzFmMWRi~. Acesso em julho de 2022

WHITE MARTINS. **Diversidade e Inclusão.** Disponível em https://www.praxair.com.br/nossa-empresa/our-people/diversidade-e-inclusao. Acesso em julho de 2022

WHITE MARTINS. **Relatório de Sustentabilidade.** Disponível em https://www.praxair.com.br/-/media/corporate/praxair-brazil/documents/sd-brazil/relatrio-de-sustentabilidade_2019-2020.pdf?la=pt-br. Acesso em julho de 2022

CAPÍTULO 7

Multiculturalismo e educação: as relações entre currículo e cultura

Marcel Ronaldo Morelli de Meira

O chamado multiculturalismo é um movimento originado nos Estados Unidos e na Europa que reivindica a inserção dos grupos culturais dominados no interior da sociedade para terem suas culturas reconhecidas e igualmente representadas na cultura nacional. Sendo assim, o multiculturalismo não pode ser separado de questões de poder que envolvem as diferentes culturas, raças, etnias, haja vista que os movimentos pós-colonialistas só podem compreendidos a partir das relações de exploração entre as nações.

Como argumenta Silva (2007), o multiculturalismo, apesar de se tratar de um movimento intelectual ambíguo e heterogêneo, representa um importante instrumento de luta política. Isso porque transfere para o âmbito político uma visão da diversidade cultural que estava, há muito tempo, restrita a campos especializados de estudo, como a Antropologia. A contribuição trazida pelos estudos antropológicos é a de que não se pode estabelecer uma hierarquia entre as diferentes culturas, ou seja, que não é possível estabelecer nenhum critério pelo qual uma determinada cultura possa ser considerada superior à outra. O multiculturalismo irá receber influência dessa visão antropológica da cultura (SILVA, 2007).

O multiculturalismo está dividido em duas correntes. A primeira, chamada de "multiculturalismo liberal" ou "humanista", parte da ideia de que as diferentes culturas se tornariam iguais por fazerem parte de uma mesma humanidade. Esse tipo de culturalismo valoriza a tolerância, o respeito e a convivência pacífica entre as diferentes culturas. A ideia chave é a de que "*deve-se tolerar e respeitar a diferença porque sob a aparente diferença há uma mesma humanidade*" (SILVA, 2007, p. 86). Em outras palavras, a diversidade cultural é defendida em nome de uma humanidade comum.

Essa visão liberal ou humanista do multiculturalismo foi questionada por perspectivas teóricas caracterizadas por uma visão mais crítica e contundente do processo. Nessa perspectiva crítica, as diferenças culturais não podem ser desvinculadas das relações de poder. A referência do multiculturalismo liberal a uma humanidade comum não é aceita "*por fazer apelo a uma essência, a um elemento transcendente, a uma característica fora da sociedade e da história*" (SILVA, 2007, p. 87). Ou seja, para a perspectiva crítica é necessário compreender as diferenças culturais, como também a própria humanidade, como resultado das relações de poder.

A perspectiva crítica do multiculturalismo está dividia entre uma concepção materialista e uma concepção pós-estruturalista. A concepção pós-estruturalista considera que as diferenças são resultado, sobretudo, de um processo linguístico e discursivo, não podendo, portanto, serem compreendidas fora dos processos linguísticos de significação. Esses processos que produzem a "diferença" são compreendidos a partir das relações de poder. Dito de outro modo, são as relações de poder que fazem com que indivíduos que não se enquadram nos padrões culturais dominantes sejam vistos negativamente em relação aos outros.

Essa visão pós-estruturalista da diversidade cultural foi criticada, por sua vez, pela sua excessiva ênfase nos processos discursivos como produtores da diferença. Disso surgiu uma perspectiva mais materialista do multiculturalismo, enfatizando os processos institucionais e econômicos que estariam na base da produção dos processos de discriminação baseados na diferença cultural. Assim, a análise do racismo não poderia ficar restrita a aspectos exclusivamente discursivos, uma vez que é necessário examinar as estruturas institucionais e econômicas que o fundamentam. Em outras palavras, não se deve combater apenas as expressões linguísticas raciais, mas também a discriminação racial gerada nas diferentes instituições, como é o caso da escola.

Nos estudos sobre currículo escolar, é inegável a contribuição trazida pelo multiculturalismo. Nos Estados Unidos, o multiculturalismo originou-se como uma questão no debate curricular e educacional. Grupos culturais subordinados, como mulheres, negros e homossexuais, colocaram-se contra o cânone literário, estético e científico do currículo universitário tradicional. Eles consideravam esse cânone uma expressão da dominação da cultura branca, masculina, europeia, heterossexual. Em resumo, o cânone do currículo é composto pela cultura socialmente dominante. Na perspectiva desses grupos culturais subordinados, é necessário que o currículo inclua uma amostra representativa das diversas culturas subordinadas (SILVA, 2007).

Atualmente, o multiculturalismo tem sido criticado tanto por grupos conservadores quanto por progressistas. Pelo viés conservador, o multiculturalismo é criticado por representar um ataque aos valores tradicionais da família, da cultura e da nação. Aqui, está presente a ideia de que o multiculturalismo pretende substituir o estudo das obras consideradas eruditas por culturas consideradas inferiores. Já em uma visão mais progressista da crítica, o multiculturalismo é criticado por enfatizar a manifestação de múltiplas tradições culturais, fragmentando, então, a cultura nacional comum, com implicações políticas importantes.

Jurjo Santomé (1997), teórico atualmente identificado com o multiculturalismo crítico, considera que as questões curriculares devem ser vistas como uma dimensão de um projeto mais amplo, que diz respeito à política cultural de cada sociedade. Todo currículo é uma "seleção cultural", pois implica sempre realizar opções entre diferentes parcelas da realidade. Portanto, intervir no mundo educativo implica considerar as dimensões de justiça social (SANTOMÉ, 1997).

Assim, dentre as opções curriculares promovidas, há o silenciamento das realidades dos grupos culturais que não estão vinculados ao poder político, econômico, cultural e religioso, isto é, aos grupos sociais e étnicos desfavorecidos, como as mulheres, a classe trabalhadora, os idosos, os homossexuais etc. Segundo ele, esse silêncio dos grupos sociais desfavorecidos pode ser observado nos materiais didáticos, que tratam dessas questões de modo superficial ou mesmo manipulatório (SANTOMÉ, 1997).

Na compreensão de Santomé o problema das escolas tradicionais, apesar da ênfase dada aos conteúdos culturais apresentados em "*pacotes disciplinares, em forma de matérias*", é que não conseguem fazer com que os alunos sejam capazes "*de ver esses conteúdos como parte de seu próprio mundo*" (SANTOMÉ, 1997, p. 13). Em outras palavras, as disciplinas promovidas pelo currículo escolar não dizem respeito à realidade do aluno. A escola aparece como um "reino da artificialidade", não conseguindo estabelecer conexão entre o conteúdo aprendido e os problemas e a realidade cotidiana dos(a)s alunos(a)s.

Sendo assim, é possível considerar que o reconhecimento da diversidade cultural é fundamental para uma maior democratização e garantia de justiça social. De acordo com essa concepção curricular antidiscriminatória e de justiça social, os critérios que devem ser estabelecidos para seleção dos conteúdos curriculares devem determinar que se preste mais atenção às culturas e aos grupos desfavorecidos (SANTOMÉ, 1997).

Nesse contexto de crise, compreende-se que as sociedades precisam de transformações, de modo que o sistema educativo seja obrigado a repensar sua missão nessa nova era. Nas sociedades contemporâneas, chamadas de "sociedade da informação" e do "conhecimento", é cada vez mais importante o acesso ao conhecimento, o que implica uma maior atenção às instituições de ensino. Assim, famílias, grupos sociais, partidos políticos, sindicatos, organizações patronais, igreja, associações de bairro (além de organizações financeiras internacionais, como o FMI e o Banco Mundial) incluem em suas "recomendações, propostas e exigências para o sistema escolar atual" (SANTOMÉ, 2013, p. 317).

Atualmente, a democratização dos espaços públicos, e também da própria sociedade, encontra suporte no modelo das chamadas "cidades educadoras", ou seja, "*formadas por cidadãos que voltam a se apropriar da cidade e a criar, planejar, gerir, avaliar e desenvolver um projeto elaborado democraticamente pela comunidade e dirigido ao desenvolvimento de um modelo democrático de cidade*" (SANTOMÉ, 2013, p. 320). Nessa perspectiva, as pessoas deixam de ser meras consumidoras e passam a agir de modo mais consciente e planejado, como agentes ativos nas transformações das cidades, se comportando verdadeiramente como cidadãs em uma comunidade mais multicultural e democrática.

7.1 Relações entre Currículo e Cultura

A partir da década de 1980, ocorreu a chamada "virada cultural", expressão utilizada para designar a importância e o protagonismo assumido pela cultura nos debates teóricos realizados nas universidades e, também, entre os Estados, que passaram a investir cada vez mais no financiamento de projetos culturais e em edifícios destinados à arte e à cultura. Uma das consequências da chamada "virada cultural" no campo do currículo escolar foi a diminuição das fronteiras em que, de um lado, estaria o conhecimento erudito e acadêmico e, de outro, o conhecimento popular e de massa.

De acordo com a visão do multiculturalismo, todo conhecimento pode ser considerado cultural, uma vez que constitui um sistema de significação. Além disso, parte-se da compreensão de que a cultura está sempre vinculada a relações de poder. Segundo Silva (2007), ao mesmo tempo em que o conceito de cultura permite equiparar a educação a outras instâncias culturais, é o conceito de pedagogia que permite ver as diferentes culturas como contextos de diversas práticas pedagógicas. Isso porque "tanto a educação quanto a cultura em geral estão envolvidas em processos de transformação da identidade e da subjetividade" (SILVA, 2007, p. 139). Partindo dessa perspectiva, os processos escolares se aproximam cada vez mais dos sistemas culturais extraescolares, como é o caso das exposições realizadas pelos museus históricos e de arte, por exemplo, que passam a ser visitadas pelas escolas justamente por possuírem uma importante dimensão educativa.

Nesse sentido, embora as instituições culturais não disponham de um currículo prescrito propriamente dito, já que não têm o objetivo de ensinar um corpo de conhecimentos—ainda que isso, de algum modo ocorra nas visitas orientadas aos museus—, é possível dizer que possuem um currículo oculto. Poderíamos, assim, considerar o que se aprende nos museus, já que não se trata apenas de diversão e entretenimento, mas de uma atividade pedagógica.

A dimensão pedagógica dessas instituições culturais se difere do currículo escolar pois, conforme observa Silva (2007), se apresenta de uma forma muito mais "fascinante e irresistível", como é o caso dos programas de televisão educativa. Assim, a forma envolvente pela qual a pedagogia cultural se apresenta atualmente não pode ser ignorada simplesmente.

É justamente para a análise dessa pedagogia cultural que têm se voltado diversos autores como, por exemplo, Henry Giroux, que estuda as relações entre pedagogia, cultura popular e mídia. Seus estudos acerca dos filmes produzidos pela Disney, por exemplo, fazem uma crítica ao caráter aparentemente inofensivo dessas produções culturais para o público infantil. Na visão de Giroux, há uma grande proximidade entre o campo pedagógico e o campo da cultura, pois ambos se relacionam com a política cultural.

Uma das principais características da contemporaneidade—ou pós-modernidade—é o apagamento das fronteiras que, antes separavam a chamada alta cultura, ou cultura erudita, da cultura popular. Revoluções nos sistemas de informação e comunicação, por exemplo, tornam cada vez mais problemática a distinção entre o conhecimento cotidiano, o conhecimento escolar e o conhecimento da cultura de massa. Esse hibridismo é enfatizado pela perspectiva teórica de Giroux que, em seus últimos ensaios, se preocupa *"cada vez mais com a problemática da cultura popular tal como se apresenta no cinema, na música e na televisão"*. (SILVA, 2007, p. 51).

As análises de Giroux têm se tornado cada vez mais *"culturais e não propriamente pedagógicas"* (SILVA, 2007, p. 51), incorporando recentemente conceitos provenientes do pós-modernismo e do pós-estruturalismo. Tal como ocorreu com os autores da teoria crítica, Giroux critica as perspectivas técnicas do currículo, se utilizando de ideias desenvolvidas por autores da Escola de Frankfurt (Adorno, Horkheimer, Marcuse), dirigindo um ataque à racionalidade técnicas das perspectivas dominantes do currículo.

Na análise de Giroux (2011), as perspectivas técnicas, ao se concentrarem em critérios como os de eficiência e burocratização, deixavam de considerar o caráter histórico, social, político e cultural do currículo escolar. Como consequência desse processo, o currículo acabou contribuindo para a reprodução das injustiças e desigualdades sociais. A posição teórica da Escola de Frankfurt possuía uma ênfase na dinâmica cultural e na crítica à racionalidade instrumental, ajustando-se perfeitamente aos objetivos de Giroux.

No período em que Giroux começou a escrever, já estavam em debate muitas das teorias críticas desenvolvidas sobre a educação e o currículo, como a crítica elaborada por Althusser à ideologia escolar e a crítica de Bourdieu e Passeron acerca da reprodução social e cultural. Contudo, Giroux se distanciava desses autores justamente porque davam um "*peso excessivo à dominação e à cultura dominante, em detrimento das culturas dominadas e de processos de resistência*" (SILVA, 2007, p. 51). Em outras palavras, as teorias críticas da reprodução não consideravam o potencial de resistência do currículo e da escola para a construção de uma sociedade democrática.

É por meio do conceito de resistência que Giroux (2011) irá desenvolver uma teorização da escola e do currículo que podem ser trabalhadas contra os mecanismos de poder e controle. Dito de outro modo, a escola e o currículo não têm como resultado apenas dominação e controle. É necessário, portanto, que o currículo escolar revele um potencial de oposição e resistência frente aos arranjos sociais dominantes. Giroux acredita ser possível canalizar essa resistência para a elaboração de um currículo emancipatório e, nisso, se aproxima do pensamento crítico de Paulo Freire.

Em seus escritos mais recentes, Giroux procurou compreender a pedagogia e o currículo através da noção de "política cultural". Segundo ele, o currículo está sempre relacionado à construção de significados sociais e valores culturais, não se tratando apenas de uma mera transmissão de conhecimentos. Esses significados são sempre constituídos socialmente por meio das relações desiguais de poder. Contudo, tais significados são postos em constante disputa, pois ao mesmo tempo que são impostos, podem também ser contestados.

Referências

GIROUX, Henry. Cultura popular e pedagogia crítica: a vida cotidiana como base para o conhecimento escolar. In: MOREIRA, Flávio Antonio; SILVA, Tomaz Tadeu da (orgs.). **Currículo, cultura e sociedade.** São Paulo: Cortez, 2011.

SANTOMÉ, Jurjo. Política educativa, multiculturalismo e práticas culturais democráticas nas salas de aula. **Revista Brasileira de Educação**. Rio de Janeiro, n. 4, p. 5–25, abr. 1997.

______. **Currículo escolar e justiça social:** o cavalo de Troia da educação. Porto Alegre: Penso, 2013.

SILVA,, Tomaz Tadeu da. **Documentos de identidade:** uma introdução às teorias do currículo. Belo Horizonte: Autêntica, 2007.

CAPÍTULO 8

Multiculturalismo e saúde

Lydiane Regina Fabretti Streapco

Refletir acerca do tema multiculturalismo e saúde envolve conectar uma grande teia repleta de fios que representam campos do saber distintos. Assim como no antigo conto hindu *A Teia de Indra*, os nós, ou as intersecções entre os fios, são como joias preciosas, refletindo e sustentando a complexidade do todo.

Compreender e atuar no campo da saúde frente à diversidade de grupos que habitam o Brasil, envolve reconhecer que coexistem e se influenciam mutuamente muitas visões de homem, de mundo, de corpo e de alma que transcendem a perspectiva hegemônica herdada dos povos colonizadores. São oriundas dos povos originários, de povos sequestrados e escravizados e de outros que migraram espontaneamente.

O professor de sociologia francês David Le Breton (2013) destaca que a noção de corpo e as relações que estabelecemos com ele mudaram de acordo com as épocas e culturas. Em termos da sociedade europeia, o corpo ganhou destaque especial a partir do Iluminismo, visto que a liberdade do indivíduo, especialmente do homem branco e instruído das camadas sociais privilegiadas, passou a compartilhar da ideia do "eu sou". O corpo passou a representar o contorno e o domicílio, no qual o indivíduo autônomo reinava em suas escolhas e valores.

Os conhecimentos acerca da anatomia e da fisiologia do corpo passaram a ser compreendidas e sistematizadas por determinados campos do saber, representados por categorias profissionais especializadas. O cultivo da educação formal e o abandono das práticas folclóricas populares almejava o controle das crendices, das paixões e de outros afetos que se acreditava serem a fonte dos problemas da vida em sociedade. Estabeleceu-se a cisão idealizada entre a razão e o corpo, entre a subjetividade e as ciências.

Na Era Moderna o domínio de certos processos na física e na química permitiram avanços tecnológicos que aceleraram os processos de industrialização e a formação das cidades. Esse período foi marcado por surpreendentes avanços nos sistemas de transportes, telecomunicações, na geração e distribuição de energia elétrica (SEVCENKO, 2001). No entanto, também se intensificaram problemas urbanos como as condições precárias de habitação, de trabalho, e de saneamento básico. Especialmente para a população de trabalhadores que emigrava do campo, acarretando altas taxas de transmissão de doenças infecciosas, violência e mortes prematuras.

A filósofa francesa Badinter (2011) ressalta que paulatinamente nas décadas iniciais do século XX houve conquistas científicas e nas políticas públicas que implicaram no aumento da expectativa de vida da população e na queda dos índices de mortalidade infantil. O advento dos antibióticos, a distribuição de vacinas, as campanhas em prol do cuidado à gestante e do aleitamento materno, dentre inúmeras medidas sanitárias e de saúde coletiva, melhoraram as condições de vida da população, sua alimentação, e acesso à educação. Tais melhorias foram conquistadas inspirados por debates internacionais, mas também, atrelados a um projeto político nacional, que objetivava formar cidadãos mais saudáveis e fortes, necessários para compor a mão de obra na construção do país.

O jurista brasileiro Fábio Konder Comparato (2014) reflete acerca da civilização capitalista que se consolidou ao longo do século XX, caracterizado por um mercado global embasado no desenvolvimento econômico exploratório e na acumulação de riquezas por parte de uma elite financeira dominante. Como parte desfavorecida desse projeto geopolítico, as nações em desenvolvimento como o Brasil mantiveram-se principalmente no papel de fornecedoras de recursos naturais e de mão de obra. Constatou-se ao longo de todo o século XX a recorrência de graves questões éticas, tanto no que se refere às desigualdades na distribuição de riquezas e de recursos, como no acesso aos direitos humanos básicos. Apesar dos avanços tecnológicos e científicos enormes contingentes de população estiveram expostas ao risco de morte relacionadas às grandes guerras mundiais e outras catástrofes ambientais.

A chamada pós-modernidade vem sendo tecida a partir da década de 1960, a partir de diversos movimentos sociais que buscaram dar visibilidade e angariar maior participação político-social para os diversos grupos identitários. Tais grupos eram formados especialmente por pessoas negras na luta pelos direitos civis, por jovens e universitários em favor de pautas pacifistas e ecológicas, por grupos formados por pessoas com deficiências, seus familiares e profissionais e educadores na luta pela inclusão, por pessoas envolvidas no movimento antimanicomial em prol da dignidade dos tratamentos em saúde mental, e por grupos representando questões sobre identidade de gênero e novas ondas feministas (SEVCENKO, 2001).

A aceleração exponencial que permeou tais mudanças envolve um estado de crise de valores e códigos compartilhados. O historiador brasileiro Nicolau Sevcenko (2001) reflete acerca da experiência da humanidade no final do século XX, comparando-a ao *loop* da montanha-russa dos parques de diversões. No contexto de poucas décadas, mergulhou-se no universo das tecnologias eletrônicas e de informação de modo que, o progresso técnico-científico acontece exponencialmente e retroalimenta-se, tornando o conhecimento e as tecnologias obsoletas, forçando a aceleração do consumismo, sem que haja tempo para acompanhar integralmente seus impactos. Parece ocorrer a perda de diversos critérios ao mesmo tempo, de modo a se promover um verdadeiro estado de vertigem.

Vivemos a segunda década do século XXI, em que sobrepaira uma estrutura pautada na internet, com todos os seus benefícios e desafios. As redes sociais, cujos motes principais seriam facilitar a comunicação e o trânsito de informações, bem como aproximar pessoas em torno de aspectos biográficos e de seus interesses, têm relevado graves problemas em torno da segmentação de opiniões e de visão de mundo, constituindo grupos intolerantes frente à diversidade de ideias, as chamadas bolhas e, intensificando problemas relacionados às notícias falsas. Continuamos testemunhas ora estarrecidas, ora coniventes, dos severos problemas na garantia dos direitos e da dignidade da pessoa humana, na medida em que mulheres, populações indígenas, pessoas em condição de rua e pessoas negras continuam protagonizando estatísticas relacionadas a violências, assassinatos, desemprego, suicídio e diversos outros riscos à sua integridade e sobrevivência.

As opiniões individuais e de grupos parecem ter adquirido um grau de importância inflacionado. Sobretudo, ao se retomar os argumentos do professor Fabio Konder Comparato (2014), percebe-se certa negligência da sociedade quanto ao fato de vivermos em um planeta ameaçado de colapso, em decorrência dos impactos irreversíveis da exploração desenfreada de seus recursos naturais, da poluição desenfreada e das alterações climáticas.

A utilização das tecnologias de informação e da internet tem favorecido aceleração no campo dos estudos, do lazer, das novas formas de trabalho, e no trânsito de informação. No entanto, o uso excessivo de aparelhos celulares e computadores também pode implicar em prejuízos neurológicos e psiquiátricos ainda desconhecidos (TUMELEIRO, et al., 2018). A adoção de novos hábitos e estilos de vida difundidos de maneira acrítica parece uniformizar ainda mais os anseios e desejos, visto que qualquer cidadão do planeta pode adquirir ou usufruir dos mesmos produtos praticamente em tempo real (BARBER, 2009).

Por outro lado, de maneira ambivalente, a hiper conectividade e a adesão maciça às redes sociais evidenciam o fato de que, mesmo entre pessoas que convivem muito próximas, pairam diferentes representações em torno dos grandes temas da vida. De modo ainda mais agravado, durante a pandemia da Covid-19 as relações de adesão ou não às recomendações da Organização Mundial da Saúde quanto ao distanciamento social, ao uso de máscaras e à vacinação, foram temas sensíveis. A morte de mais de seis milhões de pessoas[15] em todo o mundo evidenciou falhas éticas na sociedade ocidental e na conduta de seus líderes na adoção de ações que unissem toda humanidade no combate ao vírus, inimigo principal que todos enfrentávamos em comum (HARARI, 2020).

A democratização do acesso aos acompanhamentos psicológicos vinha ocorrendo há algumas poucas décadas graças à inclusão das psicoterapias na cobertura dos planos

---

[15] WHO Coronavírus Dashboard. Overview. Publicado em 02/12/22. *World Health Organization*. Disponível em https://covid19.who.int/. Acesso em 04/12/2022.

de saúde e à maior oferta de profissionais no mercado. No entanto, especialmente a partir da pandemia da Covid-19 entre os anos de 2019 e 2022 os atendimentos on-line foram regulamentados pela Resolução 04/2020 (CONSELHO FEDERAL DE PSICOLOGIA, 2020). A sociedade assustada, confusa e enlutada, ao enfrentar o distanciamento social preconizado para controle das taxas de transmissão, também enfrentou as repercussões de crises econômicas, políticas e sociais. Intensificaram-se sintomas como ansiedade, insônia, fobias, depressão, dificuldades de aprendizagem e nas habilidades cognitivas, como de memória e atenção, bem como problemas sociais como desemprego, aumento da violência doméstica e do uso abusivo de álcool.

O campo do conhecimento da mente e do estudo dos comportamentos inconscientes não retrata um modismo passageiro para atender aos anseios de consumidores. Apesar de amplamente destacada nas matérias jornalísticas e nas redes sociais, a compreensão da psicologia, tem como marco o trabalho do médico neurologista Sigmund Freud (1856–1939), que desenhou a teoria da psicanálise a partir dos conhecimentos que se constelavam em sua área de atuação e das demandas éticas de sua época. Seu gênio criativo provocou uma reaproximação entre a sociedade educada e instruída e o campo negligenciado dos afetos e da dimensão instintual humana. Seu modelo teórico explicava a relação entre consciência objetiva e intenção e a dimensão chamada de inconsciente, que escapava à consciência e enquanto permanecesse reprimida e irrefletida, causaria sofrimento, patologias e outras situações indesejáveis como lapsos de memória, enganos e outras complicações no trato interpessoal e no ajuste às normas sociais.

A relevância do trabalho de Freud justifica-se, por exemplo, nas premissas do trabalho interprofissional que pauta a humanização da saúde em nosso tempo. Relaciona-se, por exemplo, aos aspectos da dialética e do vínculo que envolvem a relação médico-paciente, aos componentes emocionais da capacidade do paciente buscar e aderir ao tratamento, às projeções de afeto direcionados ao médico enquanto representante de um papel social de autoridade e prestígio. Deste modo, torna-se imprescindível na formação de bons profissionais o autocuidado, o autoconhecimento e as habilidades e competências socioemocionais que lhe permitirão trabalhar para além da técnica racional e objetiva, amadurecendo certa atitude de prontidão para lidar com a integralidade da natureza humana.

Paralelamente ao trabalho de Freud, a dimensão inconsciente dos afetos e o psiquismo dos indivíduos e dos grupos foi um tema trabalhado pelo psiquiatra suíço Carl Gustav Jung (1875–1961), tanto a partir da observação empírica em seu exercício profissional, mas também como fruto da interlocução com antropólogos, filósofos, artistas, médicos, físicos e representantes de saberes religiosos e das culturas orientais. É possível que instintos primordiais de sobrevivência, refinados após milhares de anos por camadas de simbolismos culturais, predisponham o ser humano ao registro de experiências emocionais significativas, em torno de experiências fundamentais como acolhimento e partilha. Por isso os produtos culturais que passam pelo cinema, pelas propagandas e até pelas campanhas políticas, utilizam símbolos que parecem atuais, mas que, na realidade, suas raízes podem ser encontradas em camadas muito antigas da cultura humana, como possibilidades arquetípicas ou predisposições que foram sendo apuradas ao longo de milênios.

Jung (s/d) preocupava-se especialmente acerca da com a unilateralidade estanque das possibilidades humanas, promovida pelo modelo excludente, que pautava a vida em sociedade na Europa de sua época. Sua leitura era a de que havia certo empobrecimento e até negligência da vida instintual e da vida subjetiva, que poderia levar à produção de sintomas e doenças. Seria compreensível que, em nome do desenvolvimento da consciência objetiva e da adaptação social, as pessoas e as coletividades cultivassem determinado conjunto de aspectos, valores e habilidades dentre os culturalmente almejados e desejados. No entanto, seria inerente ao humano a produção simbólica de sonhos, de arte e de outros fenômenos culturais menos explicativos. Até mesmo no campo da racionalidade, no afã por empreender novas descobertas e pelo desenvolvimento científico, haveria a atenção de homens e mulheres para os anseios pessoais e da época frente às outras dimensões mais profundas, esquecidas ou desconhecidas, portanto, ditas inconscientes. Nessa dimensão residiriam possibilidades mais amplas da natureza humana, importantes a fim de compensar as atitudes conscientes, corrigindo a rigidez que muitas vezes desmerece e negligencia diversas maneiras de compreender e atuar frente à realidade.

No equilíbrio dinâmico entre a dimensão consciente e a inconsciente muitas vezes residem as crises, ou seja, temporárias perdas ou ampliações de critérios. Mas nele também estão as fontes de inspiração, de inovações disruptivas, de criatividade e de saúde, por corresponderem à essência natural do indivíduo para além de seu esforço direcionado apenas à vida funcional e útil das demandas sociais.

O exercício de criação de um campo de acolhimento e consideração para a diversidade humana é uma pauta da pós-modernidade. Vivemos um tempo em que a inclusão e o senso de pertença são valores amplamente debatidos. Jung e diversos outros autores vêm contribuindo para a construção de saberes que sensibilizaram e ainda sensibilizam a sociedade para a importância de se valorizar conteúdos emocionais, subjetivos e culturais.

Como profissionais da área da saúde em nosso tempo, acompanhamos os avanços dos diagnósticos por imagem, do conhecimento acerca da genética aplicada aos tratamentos mais certeiros contra o câncer. No entanto, são desacreditadas outras narrativas oriundas das sabedorias tradicionais que explicam fenômenos da saúde a partir do olhar para o corpo coletivo das comunidades. Valeria nos abrirmos ao conhecimento de outras sociedades no que diz respeito à concepção do corpo individual versus corpo coletivo? Alguns povos africanos, por exemplo, consideravam as pessoas eram mais do que seus corpos, envolvendo um campo de energia que as relacionava com a natureza, com o local em que viviam e, até mesmo, com as memórias e experiências familiares, de seu povo e de seus ancestrais, conforme explica o autor David Le Breton:

> O corpo humano é, nas tradições populares, o vetor de uma inclusão, não o motivo de uma exclusão (no sentido de que o corpo vai definir o indivíduo e o separar dos outros, mas também do mundo); ele é o vinculador do homem a todas as energias visíveis e invisíveis que percorrem o mundo. O corpo não é um universo independente, fechado em si mesmo, à margem do modelo anatômico, dos códigos de saber-viver ou do modelo mecanicista. O homem, bem em carne (no sentido simbólico), é um campo de força em poder de ação sobre o mundo, e sempre a ponto de ser influenciado por ele. (LE BRETON, 2013, p. 50)

Katz e Greiner (2004) discutem na perspectiva da arte na pós-modernidade, contradições do modelo racionalista e positivista que compreende o organismo humano como objeto previsível, imutável e único que, ao ser dissecado, possa ser lido como objeto anatômico mudo, totalmente desvinculado dos aspectos socioculturais. Na compreensão do corpo como veículo de comunicação as autoras comparam mapas anatômicos esboçados por povos da Grécia Antiga, e que eram representados por músculos, e os mapas desenhados pela antiga medicina chinesa, que eram representados por meridianos.

> Nem poderia ser diferente, uma vez que, em chinês, não existe palavra específica para corpo, apenas descrições de diferentes estados do corpo. Trata-se, provavelmente, do melhor exemplo de que não já nada parecido com um corpo universal. O corpo, como tudo, depende do modo como é abordado. Ler o corpo significa sempre reconstruí-lo. (p. 15)

Tal acepção reintegra a subjetividade na compreensão do corpo, de modo a considerar que cada contexto sócio, histórico e cultural trará suas sabedorias para explicar a constituição, o funcionamento e suas as dinâmicas de do corpo em busca por saúde e bem-estar, bem como cada sociedade apresenta suas formas particulares de sofrimento e adoecimento (LE BRETON, 2013).

No entanto, no mundo globalizado e informatizado, saberes locais, valores culturais e folclóricos são desvalorizados e perdidos, e "*o ator das metrópoles ocidentais*" (LE BRETON, 2001) busca compreender seu corpo de maneira esquizofrênica, importando e consumindo saberes, estilos de vida e práticas oriundos de outras épocas e contextos culturais, sem desconsiderando incompatibilidades e contradições.

> Nenhuma teoria do corpo é objeto de uma unanimidade sem falha. O Indivíduo, tendo a escolha entre uma poeira de. Sua liberdade de indivíduo e sua criatividade alimentam-se dessas incertezas, da permanente procura de um *corpo perdido*, que é,

> de fato, aquela de uma *comunidade perdida*. (LE BRETON, 2013, p. 139).

A situação-problema que profissionais deste tempo enfrentam não se resume ao empenho por criar modelos explicativos que sigam certo rigor metodológico, embasados no conhecimento teórico precedente, bem como, acompanhar a acelerada atualização técnico-científica, apostando na inventividade e preservando o debate entre pares. Amedrontados frente a ameaça que uma doença causa à nossa vida, ansiamos ser atendidos pelo melhor especialista. No entanto, não queremos ser tratados apenas como um caso genérico, nem almejamos compor uma tabela estatística (JUNG, 2011). Estando na condição de pacientes ou de profissionais, carregamos uma longa sucessão de histórias e sentimentos. Desde os biográficas, os familiares, os comunitárias, dos ancestrais do povo brasileiro e, enfim, da história da humanidade.

Há algo de subjetivo que também permeia as relações entre as pessoas atendidas e os profissionais da saúde que é o desejo de ajudar, de cuidar e de curar. Em muitas sociedades houve figuras imbuídas de alguma sabedoria e prestígio que olhavam para as enfermidades, para as incapacidades e limitações e trabalhavam dentro de certo sistema de crenças, rituais e recursos em prol do equilíbrio entre a condição de doença e a busca pela saúde.

Um bom começo para o fortalecimento das competências socioemocionais dos profissionais que trabalham hoje na área da saúde é compreender que as atividades do cuidado ao outro das profissões de ajuda são herdeiras dessa capacidade humana do cuidar, que vai sendo revisitada e reconstruída na história. Ao mesmo tempo em que se dedica ao outro, o profissional da saúde também realiza sua própria vida e vocação. Se desenvolve, se aprimora, sofre, se preocupa. Conforme São Paulo escreveu aos Romanos na Bíblia dos cristãos (Romanos 7: 19-20):

> Porque não faço o bem que eu quero, mas o mal que não quero, esse faço. Mas, se eu faço o que não quero, já não sou eu quem o faz, e sim o pecado que habita em mim.

Portanto, ao longo das reflexões tecidas ao nesse texto, compreende-se a impossibilidade de olhar para a teia de saberes, sem reconhecer humildemente que estamos presos a ela, pois compartilhamos parcialmente reflexões que correspondem a algumas poucas escolhas teóricas, ao pragmatismo do limite do tempo e à nossa visão subjetiva e parcial do mundo conforme conseguimos enxergar do ponto onde estamos observando.

Referências

BADINTER, Elisabeth. **O Conflito:** a Mulher e a Mãe. Rio de Janeiro: Editora Record, 2011. [recurso digital].

BARBER, Benjamin R. Consumido. **Como o Mercado Corrompe Crianças, Infantiliza Adultos e engole Cidadãos.** Rio de Janeiro: Editora Record, 2009.

COMPARATO, Fábio Konder. **A civilização capitalista:** para compreender o mundo em que vivemos. 2ª edição. São Paulo: Editora Saraiva, 2014. [E-book]. Disponível em: https://integrada.minhabiblioteca.com.br/#/books/9788502229945/. Acesso em: 01/11/2022.

CONSELHO FEDERAL DE PSICOLOGIA. Nova Resolução do CFP orienta categoria sobre atendimento on-line durante pandemia da covid-19. **Notícias Portal do Conselho Federal de Psicologia.** 30/03/2020. Disponível em < https://site.cfp.org.br/nova-resolucao-do-cfp-orienta-categoria-sobre-atendimento-on-line-durante-pandemia-da-covid-19/ >. Acesso em 08/02/2023.

HARARI, Yuval Noah. Na Batalha contra o coronavírus, Faltam Líderes à Humanidade. Publicado Originalmente no site da Revista Time em 15 de março de 2020. Breve Companhia, Ensaio. São Paulo: Editora Schwarcz S.A., 2020; São Paulo: Companhia das Letras, 2020. [livro eletrônico Kindle].

HELMAN, Cecil G. **Cultura, saúde e doença.** Porto Alegre: ArtMed, 2009 [recurso digital]. Cap. 5 – Interações Médico-paciente (pp. 112–141)

JUNG, Carl G. **O Homem e Seus Símbolos.** 6ª edição. São Paulo: Editora Nova Fronteira (s/d).

JUNG, Carl G. **A Prática da Psicoterapia.** Rio de Janeiro, Petrópolis: Vozes, 2011.

KATZ, Helena; GREINER, Christine. O Meio é a Mensagem: porque o corpo é objeto da comunicação. In PREFEITURA MUNICIPAL DE CAXIAS DO SUL; SECRETARIA MUNICIPAL DA CULTURA; NORA, Sigrid (org.). **Húmus.** Caxias do Sul, RS: S. Nora, 2004. 196 p. Pp. 11–19.

RODRIGUES, José Carlos. **O Corpo na História.** Rio de Janeiro: Editora Fiocruz, 1999. [livro eletrônico]

SILVA JUNIOR, Ronaldo Celestino. **O Conceito Junguiano de Símbolo desde os seus Primórdios.** Brasília 2009. Universidade de Brasília. Instituto de Psicologia. Dissertação [mestrado].

SEVCENKO, Nicolau. **A Corrida para o Século XXI:** no loop da montanha russa. 7ª reimpressão. São Paulo: Companhia das Letras, 2001.

TUMELEIRO, Lucas Franco; COSTA, Aline Bogoni; HALMENSCHLAGER, Geovana Debastiani; GARLET, Márcia; SCHMITT, Jeovani. (2018). **Dependência de Internet:** um estudo com jovens do último ano do ensino médio. In Gerais: revista interinstitucional de Psicologia, 11 (2), 2018, 279–293.

CAPÍTULO 9

A contribuição do programa banco de alimentos no direito humano à alimentação adequada

Mônica Santiago Galisa

Introdução

Desde o advento da COVID 19, em 2020, convivemos com múltiplas crises. O isolamento social somado à instabilidade no trabalho, que levou a redução na renda das famílias e ao desemprego, comprometeram a garantia do direito de todos os cidadãos ao acesso a alimentos de maneira regular e saudável (BRASIL, 2006; MACHADO, GARCIA; 2022; ALVES, FREY, MATOS; 2021).

Segundo o II Inquérito Nacional sobre Insegurança Alimentar (VIGISAN, 2022) houve um agravamento dos diversos tipos de Insegurança Alimentar (IA) no Brasil, principalmente a IA grave, o que indica que nossa população está convivendo com a fome. Atualmente temos 33 milhões de pessoas que não tem o que comer, o que é um grande contraste em um país que possui grande produção de alimentos.

Esse alarmante quadro indica a urgência de promovermos debates baseado em evidências, para buscarmos soluções que levem à redução da fome e das desigualdades. Um Programa que deve retornar a agenda das discussões é o Banco de Alimentos, política orientada a alimentação saudável por meio de um sistema alimentar justo e sustentável.

Os bancos de alimentos são estruturas físicas ou logísticas que captam ou recebem alimentos doados dos setores público e privado e os distribuem gratuitamente a instituições prestadoras de serviços de assistência social que atendem pessoas em situação de vulnerabilidade alimentar (BRASIL, 2022).

O surgimento dos Bancos de Alimentos no mundo está estreitamente ligado à ação de pessoas inconformadas com a pobreza, com a miséria e com o desperdício de milhares de toneladas de alimentos em condições adequadas ao consumo humano, que são jogadas no lixo ou incineradas (BRASIL, 2007).

O primeiro projeto reconhecido de Banco de Alimentos com estas características surgiu como iniciativa comunitária em 1967, em Phoenix (Estados Unidos), em uma sociedade de abundância e desigualdade (BELIK, CUNHA, COSTA; 2012).

Nos anos 1960, a situação de pobreza de moradores da cidade de Phoenix, em Arizona/EUA, motivou diversas entidades assistenciais locais a procurarem alternativas que ampliassem sua capacidade de atendimento. John van Hengel (ativista e empresário) e outros voluntários organizaram uma coleta de alimentos nos supermercados de Phoenix, nascendo assim, 1967, o *St. Mary's Food Bank,* que existe até hoje, como uma organização sem fins lucrativos. Esse Banco de Alimentos existe para ajudar a alimentar famílias famintas em Phoenix e em 9 condados do Arizona (St. Mary's Food Bank, 2022).

Com o apoio e incentivos governamentais, rapidamente a ideia se espalhou e transformou-se na maior organização de combate à fome nos Estados Unidos. Com a pandemia de COVID-19, o desemprego e a insegurança alimentar dispararam e por causa da injustiça racial sistêmica a fome atingiu principalmente afro-americanos, latinos e americanos nativos. Em 2021 nos Estados Unidos, 53 milhões de pessoas recorreram a bancos de alimentos e programas comunitários para ajudar a colocar comida na mesa (FEEDING AMERICA, 2022).

A ideia também se disseminou pelo Canadá e por países europeus, diversos Bancos de Alimentos foram criados na Bélgica, Itália, Irlanda, França, Portugal, Grã-Bretanha, Polônia, Grécia, Espanha e outros. Na América Latina, Bancos de Alimentos estão funcionando no Brasil, México, Uruguai, Argentina e Colômbia (BRASIL, 2007).

No Brasil, em 1997, o Serviço Social do Comércio (SESC) iniciou seu programa de colheita urbana e, em 2000, inaugurou seu primeiro Banco de Alimentos no município do Rio de Janeiro e em seguida implantou unidades em Fortaleza (2001) e Recife (2002). Em 2003, os projetos ganharam dimensão nacional com a constituição do projeto Mesa Brasil SESC com presença em todos os estados brasileiros de Bancos de Alimentos ou projetos de colheita urbana (BELIK, CUNHA, COSTA; 2012).

No âmbito governamental, uma das experiências pioneiras é o Banco Municipal de Alimentos de Santo André, São Paulo, criado em 2000 (BRASIL, 2007).

A partir de 2003, os Bancos de Alimentos são inseridos na política de segurança alimentar e passam a ser apoiados pelo governo federal no âmbito da Estratégia Fome Zero tanto em termos de recursos para sua implantação como pela constituição de um aparato legal (BELIK, CUNHA, COSTA; 2012; BRASIL, 2007).

Em 2006, em função de um crescente interesse internacional sobre os Bancos de Alimentos houve a criação da rede FoodBanking Global Network (GFN), organização global sem fins lucrativos dedicada a aliviar a fome no mundo por meio de Banco de Alimentos. GFN cria, sustenta e fortalece os Bancos de Alimentos e redes de Bancos de Alimentos em todo o mundo, em mais de 25 países, atendendo mais de um terço dos quase um bilhão de pessoas subnutridas no mundo.

A presente pesquisa visa promover reflexão bioética sobre as contribuições do programa Banco de Alimentos na garantia do Direito Humano à Alimentação Adequada.

9.1 Métodos

O delineamento desse estudo corresponde a uma pesquisa qualitativa, baseada em entrevista semiestruturada aplicada aos gestores dos Bancos de Alimentos do município de São Paulo, de corte transversal e retrospectiva por analisar os dados referentes ao ano de 2012.

Inicialmente foi realizada uma revisão bibliográfica fundamentada nas bases de dados Pubmed, Medline, Lilacs; também consultou-se sites de busca informal e a biblioteca digital de teses e dissertações. Os idiomas português e inglês foram utilizados como referência e na busca foram referendados os termos: Banco de Alimentos, Colheita Urbana; os descritores: bioética, meio ambiente, fome, obesidade, desperdício de alimentos; pelas lógicas Booleanas (*and/or*).

O projeto foi submetido à consulta pelo Comitê de Ética em Pesquisa do Centro Universitário São Camilo (COEP) visando obter orientações sobre a necessidade de inscrevê-lo na Plataforma Brasil para análise. O parecer sobre a consulta concluiu que não havia necessidade de submeter o projeto à análise.

A pesquisa incluiu todos os Bancos de Alimentos da cidade de São Paulo, não havendo, portanto, necessidade de prever o tamanho amostral, tendo sido identificados com a sigla BA e números aleatórios, de forma a não promover a hierarquização. Como a quantidade de instituições pesquisadas é pequena, e para garantir o sigilo, não houve distinção de Banco de Alimentos (possui estrutura física de armazenamento) e Colheita Urbana (não há armazenamento, a arrecadação é distribuída no mesmo dia), pois poderia facilitar a identificação da instituição pesquisada.

A coleta de dados foi dividida em duas etapas, sendo a segunda complementar da primeira.

Etapa 1 – Os *sites* das instituições foram pesquisados para conhecimento da instituição e sua atuação no ano de 2012. Em relação à atuação foram analisados diversos tópicos estruturados por meio da adaptação ao questionário desenvolvido por Bastos e Costa (2007).

Etapa 2 – Realizaram-se visitas aos Bancos de Alimentos, para se obter todas as informações e detalhes não disponibilizados no site. A participação dos Bancos de Alimentos na pesquisa foi voluntária, ocorrendo em função do interesse dos mesmos. A partir do momento em que a instituição foi contatada houve apresentação do projeto: seus objetivos, procedimentos e a ausência de riscos na participação. Não houve custo de qualquer natureza para essas instituições. A pesquisadora se responsabilizou por não identificar a razão social das instituições no trabalho. Ao final da reunião, o responsável pelo Banco de Alimentos que estava de pleno acordo assinou a Carta de Autorização para a realização da pesquisa.

Na discussão dos resultados buscou-se a teoria dos referenciais da bioética, pois a teoria dos princípios, embora de suma relevância, não é suficiente para as questões levantadas por essa pesquisa (HOSSNE, 2006). Os referenciais intitulados: não-maleficência; beneficência, dignidade, solidariedade, vulnerabilidade, autonomia, justiça e equidade foram utilizados na reflexão bioética do Programa Banco de Alimentos e suas relações com o acesso a alimentação.

9.2 Resultados

Uma alimentação saudável deve conter alimentos dos diversos grupos alimentares para proporcionar ao organismo todos os nutrientes de que ele necessita (BRASIL, 2014). Baseando-se nesse conceito foram analisadas as doações dos Bancos de Alimentos (quadro 1).

Tipo de alimento	Banco de Alimentos					
	BA1	BA2	BA3	BA4	BA5	BA6
Frutas	X	X	X	X	X	X
Verduras	X	X	X	X	X	X
Legumes	X	X	X	X	X	X
Não perecíveis	X	X	X	Raro		
Carnes		Raro	Raro			
Industrializados		X	X	Raro	X	
Lácteos		X	X			
Congelados (massas)		X	X			

Quadro 1 - Tipos de alimentos doados às Instituições Sociais pelos Bancos de Alimentos pesquisados. São Paulo, 2012.

As frutas, legumes e verduras (FLV) constituem os grupos de alimentos doados por todos os Bancos de Alimentos às Instituições Sociais. Carnes, lácteos e congelados necessitam de estrutura logística específica por requererem carro refrigerado e somente os BA 2 e 3 conseguem essa estrutura esporadicamente.

Alimentos não perecíveis chegam aos Bancos de Alimentos por meio de campanhas ou doação por parte de comerciantes em função de datas de validade próximas ou dificuldades no escoamento da produção.

Em relação aos industrializados o BA3 ilustrou alguns motivos de doações por parte das empresas: geleia (em função da cor e consistência não estarem conforme a padronização da empresa), pães (amassados ou ponto de assado fora do padrão) e mudança de embalagem do produto. O BA 5, no item industrializados, encaminha basicamente às Instituições Sociais pães e pão de queijo.

Por meio dessas doações o Programa Banco de Alimentos permite maior acesso das pessoas em situação de vulnerabilidade aos alimentos podendo contribuir para a melhoria do estado nutricional da população beneficiada.

Silveira et al. (2011) ao analisar crianças de 1 a 6 anos de uma creche em Ibirité/Minas Gerais, atendidas por um Banco de Alimentos e comparar os indicadores peso/estatura, peso/idade, IMC/idade e estatura/idade antes e após o recebimento das doações, puderam evidenciar melhoria das médias dos indicadores antropométricos, inclusive nos valores mínimos e máximos de *escore-z*, apesar da permanência dos desvios nutricionais.

Josué de Castro já destacava a imperiosa necessidade da qualidade da alimentação e a riqueza nutricional dos alimentos. Morre-se de fome também ao se comer mal (TAPAJÓS, RODRIGUES, COELHO; 2010).

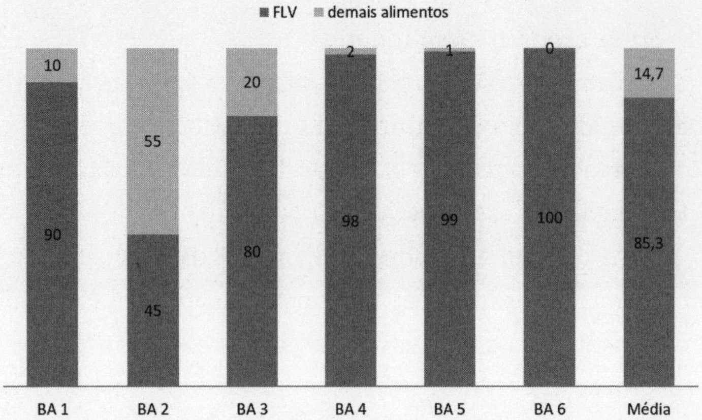

Figura 1 – Percentual de FLV em relação ao volume total de alimentos doados as instituições sociais pelos Bancos de Alimentos pesquisados. São Paulo, 2012.

A figura 1 demonstra que a maior parte das doações dos Bancos de Alimentos pesquisados são de frutas, legumes e verduras (FLV), variando de 45% a 100%, com percentual médio de 85,3% o que corrobora com a pesquisa de Silveira et al. (2011) em um Banco de Alimentos da Central de Abastecimento de Minas Gerais.

No Brasil, mesmo sendo um país rico em frutas, legumes e verduras, evidenciam-se consideráveis desigualdades sociais e econômicas, levando ao menor acesso da população a estes alimentos. Os Bancos de Alimentos deste estudo, ao terem como foco principal a distribuição de FLV, contribuem com o aumento no aporte de vitaminas, fibras e minerais do público assistido (BRASIL, 2014). Além da importância nutricional, as frutas, legumes e verduras são componentes essenciais na alimentação pelo potencial de oferecer diversidade de aromas, sabores, cores, formatos e texturas.

Silveira et al. (2011) compararam a composição nutricional dos cardápios de uma creche antes e após as doações de um Banco de Alimentos de Minas Gerais evidenciaram que houve maior variabilidade de FLV no cardápio da creche. Em relação aos macro e micronutrientes observou-se diferenças nos valores oferecidos antes e após a doação do Banco de Alimentos, sendo estatisticamente significante para vitamina A, vitamina C e ferro. O estudo demonstrou claramente que a inclusão dos alimentos doados foi importante, o que pode impactar positivamente no estado nutricional das crianças e na diminuição dos problemas nutricionais.

O Banco Arquidiocesano de Alimentos de Bogotá aumentou o número de doações de FLV, buscando atingir a recomendação internacional de consumo de 5 porções ao dia, assim reduzindo a probabilidade de desenvolvimento de doenças e ter efeito positivo na saúde da comunidade atendida (BEJARANO-RONCANCIO, BECERRA-GRANADOS; 2011).

A baixa ingestão de FLV, segundo o Relatório Mundial de Saúde - WHO, 2003 está entre os dez principais fatores de risco que contribuem para a mortalidade no mundo.

Aumentar o consumo de FLV tem sido um dos principais desafios para a saúde pública, segundo o Diretor da Divisão de Alimentação e Nutrição da FAO, Kraisid Tontisirin (FAO, 2013). Destacam-se no enfrentamento desse desafio, os Bancos de Alimentos por constituírem uma política importante para minimizar o baixo consumo de FLV pela população brasileira detectado em diversas pesquisas nacionais.

Nos inquéritos realizados no período de 1974 a 2008/2009 (vide figura 2) observa-se estagnação do consumo de FLV em patamares bastante aquém das recomendações de 9% a 12% das calorias totais de uma dieta de 2.000 kcal, o que representa cerca de 400 gramas diários (WHO, 2003).

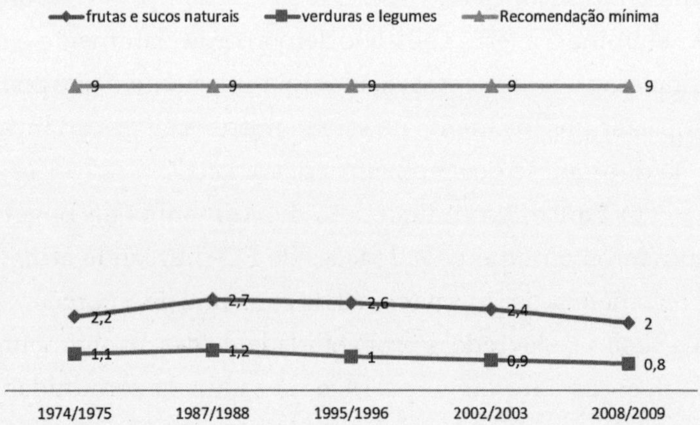

Figura 2 – Evolução da participação relativa (%) de frutas, verduras e legumes no total de calorias da dieta nas áreas metropolitanas, Brasília e município de Goiânia. Brasil, 2009.

Fontes: IBGE, 1978; INAN, 1989; BRASIL, 2004; BRASIL, 2011

A pesquisa Vigilância de Fatores de Risco e Proteção para Doenças Crônicas por Inquérito Telefônico – VIGITEL 2012 relatou que somente 17,6% da população adulta das capitais do Brasil e do Distrito Federal apresentaram consumo recomendado de frutas, legumes e verduras (BRASIL, 2013).

Outro estudo realizado entre outubro e dezembro de 2003, no município de São Paulo, por meio de entrevistas telefônicas em amostra probabilística de 2.122 adultos concluiu que a frequência do consumo de frutas, legumes e verduras estava aquém das recomendações atuais, em especial entre os mais jovens e aqueles de baixa escolaridade (FIGUEIREDO, JAIME, MONTEIRO; 2008).

Os Bancos de Alimentos podem contribuir para melhorar essa realidade, pois o incentivo e disponibilização de FLV podem ajudar a substituir os alimentos com altas concentrações de gordura saturadas, açúcar e sal.

Objetivando discutir a qualidade das doações indagou-se sobre os critérios de aceite a serem relatados a seguir.

As doações devem estar próprias para o consumo, caso contrário os Bancos de Alimentos não direcionam esses alimentos às Instituições Sociais. Essa análise é realizada pelos BA 2, 3, 4, e 5 no ponto de doação, por funcionários treinados, tendo um dos Bancos um manual muito detalhado com os critérios para essa seleção, específicos para cada alimento. O BA6 faz a seleção após receber a doação, mas somente a aceita se tiver no mínimo 50% de aproveitamento do volume a ser doado.

O prazo de validade e embalagem íntegra não foram citados pelos BA5 e 6 por esse quesito não se aplicar, já que as doações são em quase sua totalidade de FLV.

Todos possuem preocupação com agentes contaminantes armazenados próximos aos alimentos, como produtos químicos ou lixo. Essa contaminação química ou biológica inviabiliza a utilização desses alimentos para seres humanos, conforme defendido no conceito de Segurança Alimentar e Nutricional (SAN), da Cúpula Mundial de Alimentação (1999).

A recusa de doações de bebidas alcoólicas e preparações/refeições prontas é consenso, portanto não praticado pelos Bancos de Alimentos da cidade de São Paulo.

As bebidas alcoólicas não agregam valor ao programa, portanto realmente devem ser recusadas, pois o uso nocivo do álcool é responsável por 2,3 milhões de mortes a cada ano, correspondendo a 3,8% de todas as mortes no mundo (WHO, 2009).

As preparações/refeições prontas apresentam alto grau de perecibilidade e riscos para intoxicação alimentar, pois não sofrerão nenhum outro tipo de tratamento antes do consumo, o que levou os Bancos de Alimentos da cidade de São Paulo a não arrecadar essas preparações. Essa decisão baseia-se na não maleficência, preconizada por Hipócrates, no seu juramento, orientando que se evite todo o mal aos pacientes, aqui entendidos como assistidos. Portanto é obrigação do nutricionista proteger os indivíduos de problemas de saúde e evitar riscos desnecessários (CASTRO, RODRIGUES; 2008).

Isso não significa que esse procedimento seja padrão no Programa Banco de Alimentos. O aceite de refeições prontas é uma prática da rede de Bancos de Alimentos americana denominada *Feeding America*.

Alimentos industrializados em geral, como sucos, sopas, pães, panetones, geleias etc., são aceitos por todos os Bancos de Alimentos pesquisados, exceto o BA6, pois não constitui seu foco de arrecadação. A justificativa de aceitar esses alimentos, mesmo que seu valor nutricional não seja de excelência como os FLV é que todos os indivíduos devem ter o seu direito a acesso garantido, pois a liberdade das pessoas escolherem seu próprio alimento está relacionada à dignidade humana (ARANHA, 2010). Deve-se aqui destacar que o ato de comer, além de satisfazer as necessidades biológicas, é também fonte de prazer, de socialização e de expressão cultural (BRASIL, 2012).

Portanto, a autonomia e o poder de escolha dos indivíduos devem ser valorizados, sem, contudo, comprometer seu comportamento alimentar, o que é preocupação dos profissionais dos Bancos de Alimentos no momento de distribuir essas doações às Instituições Sociais. O planejamento é pensado em função de não permitir grande frequência desses produtos e analisa-se a faixa etária de menor risco nutricional.

O número de Instituições Sociais atendidas pelos Bancos de Alimentos da cidade de São Paulo, no ano de 2012, foi de 727, o que demonstra expressivo benefício social e comunitário.

Esse impacto é muito maior quando analisamos as informações de que os 168 bancos de alimentos aderidos à Rede Brasileira de Bancos de Alimentos (RBBA), em 2020, doaram 73,5 mil toneladas de alimentos a 9,7 mil entidades assistenciais ou equipamentos públicos, beneficiando 3,8 milhões pessoas em situação de vulnerabilidade socioeconômica (BRASIL, 2022).

O público atendido pelos Bancos de Alimentos da cidade de São Paulo foi de 738.948 por dia, demonstrando contribuição relevante aos excluídos da sociedade, resultado esse talvez pela consciência dos doadores, de que todos podem estar em situação de vulnerabilidade, o que os vincula e os une uns aos outros em prol de um objetivo comum; no entanto, pode ser considerado um número bastante reduzido de pessoas, quando analisado segundo o potencial de beneficiários na população em estado de insegurança alimentar, dada a dimensão da cidade de São Paulo (HOSSNE, 2009).

Em relação às faixas etárias dos assistidos pelo programa, verificou-se na pesquisa que todas são atendidas pelos Bancos de Alimentos, mas com perfil diferenciado de faixa etária predominante no atendimento de cada banco. A Pesquisa desenvolvida no Banco Arquidiocesano de Alimentos de Bogotá verificou heterogeneidade na caracterização do público atendido em relação às variáveis gênero, idade e grupo etário (BEJARANO-RONCANCIO, BECERRA-GRANADOS, 2011).

A atuação dos Bancos de Alimentos não se trata de uma ação para matar a fome de indivíduos em situação de vulnerabilidade, mas sim de colocá-los na cadeia produtiva, criando autonomia, formando um círculo vicioso de mais independência e igualdade até o fortalecimento da cidadania. A atuação dos Bancos deve, ainda, permitir que as pessoas tenham condições de se alimentar dignamente com regularidade, quantidade e qualidade necessárias à manutenção de sua saúde física e mental.

O Direito Humano à Alimentação Adequada é realizado quando cada homem, mulher ou criança tem acesso físico e econômico, ininterruptamente, à alimentação adequada ou aos meios para sua obtenção (ARANHA, 2010)

A alimentação, de longa data, constitui um direito fundamental à garantia da sobrevivência e manutenção da saúde e dignidade das populações, conforme previsto no art. 25 da Declaração Universal dos Direitos Humanos:

> Todo indivíduo tem o direito a um padrão de vida adequado que assegure a si, assim como a sua família, saúde e bem-estar, em especial **alimentação,** vestuário, habitação, assistência médica e serviços sociais necessários; [...] (grifo nosso)

Também o Pacto Internacional de Direitos Econômicos, Sociais e Culturais (arts. 2 e 11) e a Carta das Nações Unidas (arts. 55 e 56) afirmam que o direito à alimentação deve ser assegurado a todos os seres humanos. Além destes documentos, que incluem a questão do direito à alimentação, dentre outros, há documentos específicos, tais como a Declaração de Roma sobre a Segurança Alimentar Mundial, resultante da Cúpula Mundial sobre Alimentação (1999) e as Diretrizes Voluntárias para o Direito à Alimentação, da FAO (2004).

A Lei Federal nº 11.346/2006 (Lei Orgânica de Segurança Alimentar e Nutricional–LOSAN) objetiva assegurar o direito humano à alimentação adequada no país. Consagrou-se, assim, a noção de que todos têm o direito ao acesso regular e permanente a alimentos de qualidade, em quantidade suficiente, sem comprometer o acesso a outras necessidades essenciais, tendo como base práticas alimentares promotoras de saúde que respeitem a diversidade cultural e que sejam ambiental, cultural, econômica e socialmente sustentáveis.

No Brasil, a partir de fevereiro de 2010, a alimentação foi incluída entre os direitos sociais previstos no art.

6º da Constituição Federal, o que implica que este direito não pode ser facilmente retirado e garante uma maior segurança, pois impõe que todas as ramificações do Estado tomem medidas para o respeitar, proteger e cumprir. Ao mesmo tempo, o reconhecimento constitucional é um passo importante para empoderar as pessoas na promoção à alimentação saudável, uma vez que podem exigir políticas adequadas e leis que estabeleçam um ambiente propício para essa conquista (SCHUTTER, 2010).

O Banco de Alimentos permite o acesso aos alimentos, melhorando e diversificando a dieta e os hábitos alimentares, valorizando e recuperando os alimentos com alto valor nutricional e ampliando a disponibilidade de FLV, ricos em micronutrientes. Segundo a *Food and Agriculture Organization* (2004) a fome é a expressão da "*violação do mais fundamental dos direitos humanos, o direito a uma alimentação suficiente*".

O direito à alimentação adequada deve ser garantido sem discriminação de origem cultural, econômica ou social, etnia, gênero, idioma, religião, opção política. Isso, porém não anula a importância da equidade, pois essa busca o que é justo e a igualdade entre as pessoas, portanto deve-se priorizar aos grupos em situação de maior vulnerabilidade (HOSSNE, 2009).

Os Bancos de Alimentos contribuindo com a garantia do direito à alimentação constituem a porta de entrada para o direito à vida, para a cidadania e para a dignidade humana integral, assim constituindo uma política de emancipação, de inclusão e de justiça social (SOUZA, 2010).

A ideia de inclusão, de justiça social, de direitos básicos começando pelo direito à alimentação adequada são conquistas fundamentais para construção da pátria livre, soberana, independente e justa que todos os brasileiros desejam (SOUZA, 2010).

Conclusão

Os Bancos de Alimentos pesquisados contribuíram com o acesso ao Direito Humano à Alimentação Adequada (DHAA), pois permitiram que pessoas das diversas faixas etárias tivessem acesso a alimentos saudáveis, como as frutas, legumes e verduras (FLV), cujo baixo consumo está entre os dez principais fatores de risco para a mortalidade no mundo. Respeitando o referencial da não maleficência, os Bancos de Alimentos pesquisados somente aceitam doações que estejam próprias para o consumo, recusam de doações de bebidas alcoólicas, e preparações/refeições prontas, esses últimos pelos riscos de intoxicação alimentar. Novas reflexões bioéticas devem ser realizadas buscando o aprimoramento desse programa.

Referências

ALVES, Beatriz Barroso; FREY, Thaís Nunes, MATOS, Yoko Ametista Carvalho Sueté. **Insegurança Alimentar e Nutricional no Brasil durante a pandemia da Covid 19:**

uma entrevista com Francisco Menezes. Rev. Simbio-Logias, v. 13, n. 18, 2021.

ARANHA, Adriana Veiga. **Fome Zero:** a construção de uma estratégia de combate à fome no Brasil. In: BRASIL. Ministério do Desenvolvimento Social e Combate à Fome. Fome Zero: uma história brasileira. Brasília, DF: MDS, Assessoria Fome Zero, v. 1, 2010.

BASTOS, Marisa Antonini Ribeiro; COSTA, Luciana Assis. Avaliação do programa Banco de Alimentos: identificando indicadores. In: SEMINÁRIO DE EXTENSÃO DA UNIVERSIDADE FUMEC, 6., 08-10 de maio. Belo Horizonte: Fundação Mineira de Educação e Cultura (FUMEC), 2007. 113p (Caderno de Artigos), p. 29-34.

BEJARANO-RONCANCIO, Jhon Jairo; BECERRA-GRANADOS, Luis Miguel. **Estandarización de los paquetes de asistencia alimentaria de la Fundación Banco Arquidiocesano de alimentos** FBAA de Bogotá D.C. Rev Fac Med., v.59, Supl. 1, p.13-20, 2011.

BELIK, Walter; CUNHA, Altivo Roberto Andrade de Almeida; COSTA, Luciana Assis. **Crise dos alimentos e estratégias para a redução do desperdício no contexto de uma política de segurança alimentar e nutricional no Brasil.** Planejamento e Políticas Públicas, n. 38, jan./ jun., p.107-132, 2012.

BRASIL. **Lei nº 11.346, de 15 de setembro de 2006**. (Sistema Nacional de Segurança Alimentar e Nutricional–SISAN)Diário Oficial da União 2006. Disponível em em: Lei nº 11.346 (http:/ pla alto.gov.br/). Acesso em: 22 nov. 2022.

BRASIL. Ministério da Cidadania. **Rede Brasileira de Bancos de Alimentos.** Disponível em: https://www.gov.br/cidadania/pt-br/acoes-e-programas/inclusao-produtiva-rural/rede-brasileira-de-banco-de-alimentos/rbba. Acesso em: 22 nov. 2022.

BRASIL. Ministério da Saúde. Secretaria de Vigilância em Saúde. Departamento de Vigilância de Doenças e Agravos não Transmissíveis e Promoção de Saúde. **Vigitel Brasil 2012**: Vigilância de Fatores de Risco e Proteção para Doenças Crônicas por Inquérito Telefônico. Brasília: Ministério da Saúde, 2013.136 p.: il.

BRASIl. Ministério da Saúde. Secretaria de Atenção à Saúde. Departamento de atenção Básica. **Guia alimentar para a população brasileira**–2. ed., 1. reimpr.–Brasília : Ministério da Saúde, 2014. 156 p. : il.

BRASIL. Ministério da Saúde. Secretaria de Atenção à Saúde. Departamento de Atenção Básica. **Política Nacional de Alimentação e Nutrição.** Brasília: Ministério da Saúde, 2012a. 84 p.: il.–(Série B. Textos Básicos de Saúde).

BRASIL. Ministério do Desenvolvimento Social. **Banco de Alimentos:** apresentação do programa. Brasília, junho 2007.

BRASIL. Ministério do Planejamento, Orçamento e Gestão. Instituto Brasileiro de Geografia e Estatística - IBGE. Diretoria de Pesquisas Coordenação de Trabalho e Rendimento. **Pesquisa de orçamentos familiares 2002-2003:** primeiros resultados: Brasil e grandes regiões / IBGE, Coordenação de Índices de Preços. Rio de Janeiro: IBGE, 2004.276 p.

BRASIL. Ministério do Planejamento, Orçamento e Gestão. Instituto Brasileiro de Geografia e Estatística - IBGE. Diretoria de Pesquisas Coordenação de Trabalho e Rendimento. **Pesquisa de orçamentos familiares 2008-2009:** análise do consumo alimentar pessoal no Brasil / IBGE, Coordenação de Trabalho e Rendimento. Rio de Janeiro: IBGE, 2011.150 p

CASTRO, Adriana Garcia Peloggia de; RODRIGUES, Maria Inês. Aspectos Bioéticos do cuidado nutricional. In: ROSSI, Luciana; CARUSO, Lúcia; GALANTE, Andrea Polo. **Avaliação nutricional:** novas perspectivas. São Paulo: Roca / Centro Universitário São Camilo, 2008. p. 5–12

FEEDING AMERICA. Disponível em: https://www.feedingamerica.org. Acesso em: 22 nov. 2022.

FIGUEIREDO, Iramaia Campos Ribeiro; JAIME, Patricia Constante; MONTEIRO, Carlos Augusto. Fatores associados ao consumo de frutas, legumes e verduras em adultos da cidade de São Paulo. **Rev Saúde Pública,** v.42, n.5, p.777-85, 2008.

FOOD AND AGRICULTURE ORGANIZATION (FAO). **Increasing fruit and vegetable consumption becomes a global priority.** Disponível em: < www.fao.org/english/newsroom/focus/2003/fruit veg1.htm > Acesso em: 18 jul. 2013.

HOSSNE, William Saad. Bioética – princípios ou referenciais? **O Mundo da Saúde.** São Paulo, v.30, n.4, p.673-676, out.dez. 2006.

HOSSNE, William Saad. Dos referenciais da Bioética – a equidade. **Revista BioEthikos.** Centro Universitário São Camilo, v.3, n.2, p.211–216, 2009.

INSTITUTO NACIONAL DE ALIMENTAÇÃO E NUTRIÇÃO (INAN). **Pesquisa Nacional sobre Saúde e Nutrição,** PNSN, 1989 – Arquivo de Dados da Pesquisa. Brasília: INAN/Ministério da Saúde, 1990. (mimeo)

INSTITUTO BRASILEIRO DE GEOGRAFIA E ESTATÍSTICA. **Estudo Nacional da Despesa Familiar** (Endef) 1974-1975. Brasília: IBGE; 1978.

MACHADO, Letiane de Souza; GARCIA, Edna linhares. Covid-19 e a fome: reflexões sobre um futuro agroecológico. **Saúde em Debate** [online]. 2022, v. 46, n. spe2 [Acessado 22 Novembro 2022], pp. 426–437. Disponível em: <https://doi.org/10.1590/0103-11042022E228>.

SCHUTTER, Olivier de. Países combatem a fome segundo a abordagem do direito à alimentação. In: BRASIL. Ministério do Desenvolvimento Social e Combate à Fome. **Fome Zero:** uma história brasileira. Brasília, DF: MDS, Assessoria Fome Zero, v.3, 2010. p.116–135

SILVEIRA, Bruna Carla; NOLASCO, Sandra Aparecida Vieira Neiva; LOPES, Valéria Aparecida Alves; NETTO, Michele Pereira; COSTA, Fabiana Maria da. Impacto da complementação alimentar fornecida por um Banco de Alimentos, no estado nutricional de crianças de 1 a 6 anos de uma creche em Ibirité/Minas Gerais. Nutrire: rev. Soc. Bras. Alim. Nutr. = J. Brazilian Soc. Food Nutr., São Paulo, SP, v. 36, n. 1, p. 23–35, abr. 2011.

SOUSA, Patrus Ananias de. Entrevista. In: BRASIL. Ministério do Desenvolvimento Social e Combate à Fome. **Fome Zero:** uma história brasileira. Brasília, DF: MDS, Assessoria Fome Zero, v.1, 2010. p.107 - p.111

ST. MARY'S FOOD BANK. Disponível em < http://www.firstfoodbank.org >. Acesso em: 22 nov. 2022..

TAPAJÓS, Luziele; RODRIGUES, Monica; COELHO, Maria Francisca Pinheiro. Desafios sociais no Brasil em 2003: da exclusão à cidadania. In: BRASIL. Ministério do Desenvolvimento Social e Combate à Fome. **Fome Zero:** uma história brasileira. Brasília, DF: MDS, Assessoria Fome Zero, v.1, 2010. p.42–53

VIGISAN: **Relatório Final**/Rede Brasileira de Pesquisa em Soberania e Segurança Alimentar – PENSSAN. São Paulo, SP: Fundação Friedrich Ebert: Rede PENSSAN, 2022.

WORLD HEALTH ORGANIZATION. **Diet, nutrition and the prevention of chronic diseases**. Geneva: World Health Organization, 1990.

WORLD HEALTH ORGANIZATION. **Global health risks:** mortality and burden of disease attributable to selected major risks. Geneva: World Health Organization, 2009.

WORLD HEALTH ORGANIZATION. **The World Health Report 2003**. Shaping the future. Geneva: World Health Organization, 2003.

MATERIAL COMPLEMENTAR

Rede Brasileira de Bancos de Alimentos

ONG Banco de Alimentos

Mesa Brasil SESC

Banco de Alimentos da Prefeitura de São Paulo

Banco CEAGESP de Alimentos